SMALL
TALK

30초 만에
어색함이 사라지는

잡담이
능력이다

사이토 다카시 지음 | 장은주 옮김

위즈덤하우스

시작하며

잡담에서 관계는 시작된다

엘리베이터 안에서 맞닥뜨린 이웃집 아저씨.

"아, 안녕하세요."

당신 역시 곧바로 "아, 안녕하세요" 하며 인사를 건넨다.

그러고는 그대로 두 사람 다 휴대전화만 뚫어져라 쳐다본다.

왜냐하면 다음 대화가 이어지지 않으니까…….

출근(등교) 길의 전철역.

개찰구에서 우연히 선배를 만난 당신.

함께 회사(학교)로 향하게 되었다.

그 선배와는 얼굴만 익힌 정도로 각별히 친한 사이는 아니다.

대체 무슨 이야기를 해야 할까. 그 어색함이란……. 서로의 침묵이 길게만 느껴진다.

　새 학기 교실, 새로 이동한 부서의 사무실, 스터디 모임, 파티……

　둘러보면 모르는 사람뿐이다. 인맥을 넓힐 절호의 기회지만, 어떻게 말을 걸어야 좋을지 결정적인 계기가 잡히지 않는다.

　이런 고민을 하는 사람들이 의외로 많다.

　내가 가르치는 학생들도 이런 고민을 안고 있다.

　솔직히 말하자면 사춘기 시절의 나 역시 그랬다.

　사실 지금까지 소개한 상황에서 힘을 발하는 것은 대화의 기술적인 면이 아니다. <u>잡담을 하는 힘. 상대와의 거리를 좁혀 분위기를 띄우는 힘</u>이다. 이때 기억해야 할 것은 <u>말솜씨가 좋은 것과 잡담에 능한 것은 다르다</u>는 점이다.

　사람들이 잡담이라고 하면 흔히 잘못 생각하는 두 가지 오해가 있다.

　① 처음 만났거나 별로 친하지 않은 사람과는 무슨 이야기를 해야 할지 모르겠다.

　② 잡담 따윈 할 필요도, 의미도 없다. 시간 낭비다.

①에 관해서는 앞서 말한 그대로다. 하지만 우리는 대화 능력이 아닌 커뮤니케이션 능력이 필요한 것이다. 그 능력은 사소한 법칙과 방법을 활용하여 실천만 하면 누구나 익힐 수 있다. 말솜씨가 서툰 사람도, 숫기가 없는 사람도 안심하시라.

자세한 방법은 나중에 소개하겠다.

②번처럼 잡담은 시간 낭비라고 생각하는 사람도 적지 않다.

아마, 날씨 이야기나 "오늘 아침 우리 고양이가……"와 같은 이야기에 무슨 의미가 있겠냐고 생각하기 때문일 것이다.

하지만 이것 역시 정답이 아니다. 나중에 상세히 설명하겠지만, 잡담은 대화가 아닌 커뮤니케이션이다. 잡담은 '알맹이 없는 이야기'라는 데 의의가 있다.

어깨의 힘이 약간 빠졌는가.

처음 만난 사람, 나이가 훨씬 많은 사람, 얼굴 정도만 익힌 사람과도 바로 마음을 터놓고 어색한 침묵 없이 대화를 이어가는 사람들이 있다. 게다가 아주 즐거워 보인다.

이런 사람을 보고 내심 부러워했던 적이 있을 것이다.

예전에는 가족이나 친척, 이웃들과 서로 부대끼며 사회 속에서 저절로 잡담력을 익히고 단련할 수 있었다. 하지만 지금은 이웃의 얼굴조차 모르는 상황이라 잡담 자체를 접할 기회도 적어졌다.

그러니 당연히 앞의 예처럼, 어색한 침묵 속에서 어떤 말을 걸어야 할지 모르겠다는 고민을 갖는 사람들이 급증하게 되었다.

그래서 나는 대학교 수업에서 학생들에게 일부러 모르는 사람과 서로 자기소개를 하며 '잡담력을 단련하는 수업'을 실시하고 있다. 효과는 즉각적으로 나타난다.

약간의 연습만으로 누구나 익힐 수 있다.

단 30초에
당신이라는 사람이 간파된다!

"잡담은 의미가 없다. 시간 낭비다"라고 생각하는 사람에게 하고 싶은 말이 또 한 가지 있다.

잡담에는 당신의 인간성이나 인격 같은 사회성이 모두 응축되어 있다. 그리고 그 모든 것은 단 30초의 대수롭지 않은 대화 속에서 속속들이 간파된다.

어떤 사람에게 "우와! 오늘 날씨 정말 화창하죠!"라고 말을 걸었는데, 상대로부터 "그게 무슨 상관이죠?" 하는 투의 잡담을 거부하는 듯한 까칠한 답변이 돌아왔다면 기분이 어떻겠는가.

'이 사람은 요주의 인물이니 그만 만나야지', '왜 나한테 적의를 나타내는 걸까?'와 같은 기분이 들지 않을까.

무시당했다는 생각에 얼른 그 자리를 벗어나고 싶을 것이다.

이렇게 우리는 무의식중에, 이 사람에게 다가가도 좋을지 어떨지를 잡담이라는 '리트머스 시험지'를 이용하여 순간적으로 판단한다.

때로는 그날의 컨디션에 따라 싸늘하거나 건조한 반응이 나올 수도 있다. 당사자가 그런 어색한 분위기를 눈치챌 정도라면 그나마 양호하다.

문제는 그것조차도 눈치채지 못하는 경우다. 보통은 상대와 관계를 맺지 않는 쪽이 힘들어하기 마련인데, 그들은 그런 생각은 하지도 않을뿐더러 관계 따윈 맺을 필요도 없다는 생각을 갖고 있다. 우리는 그런 사람에게서 '사회성이 결여되었다'는 느낌을 받는다.

그와 반대로 격의 없이 편안하게 대화를 끌어가는 사람, 순식간에 분위기를 온화하게 만드는 사람이라면 어떨까.

프랑스의 사회학자 피에르 부르디외Pierre Bourdieu는 "면접에서 다른 사람과 격의 없이 이야기할 수 있다는 자체가 대단하다. 굉장히 뛰어난 능력이다"라고 말했다. 또한 "그런 뛰어난 능력은 풍요로운 인간관계 속에서 자란 집안의 사람일수록 유리하다"고도 말했다.

이 말은 그 사람이 풍요로운 인간관계 속에서 자랐거나,

인격적으로 안정되어 있다는 느낌이 잡담에서 전해진다는 것을 의미한다.

처음 만난 사람끼리도 편안하게 잡담을 나눌 수 있는 정신적인 안정감과 사회성 등은 30초면 충분히 간파된다.

앞서, 잡담은 단순한 화술이 아니라는 이야기를 했다.

잡담은 당신이 타인에게 신뢰와 믿음을 줌으로써 사회성 있는 사람이라는 평가를 받게 하는 데 결정적인 역할을 한다.

나아가 좋은 관계나 인연으로 발전하여 많은 사람으로부터 호감을 사 업무에서 큰 기회를 잡게 될 수도 있다.

단 30초의 잡담에는 이처럼 큰 의의가 담겨 있다.

어색함을 없애는 능력, 잡담력이 있으면
인간관계도, 일도 술술 풀린다

———

이 책에서는 '잡담이란 무엇인가?', '어떻게 하면 어색한 대화를 피할 수 있을까?'라는 물음에 대한 구체적인 방법들을 제시하고자 한다.

우수한 영업사원은 상품 이야기는 거의 하지 않고 잡담만 한다고 한다. 회사 경영자나 교수도 마찬가지다. 수업을 잘하는 교수는 잡담도 적당히 섞어가며 탄력 있는 수업을 실시한다. 유명

한 개그맨도 분위기를 휘어잡는 잡담에 뛰어나다.

상대와의 '어색함'을 없애고 분위기를 화기애애하게 만들어 서로 간의 거리를 좁히는 능력인 잡담력을 익히면 인간관계도, 일도 술술 풀린다.

또한 상대에게 호감과 신뢰를 얻고 사랑받음으로써 자신감은 물론 당신 자신에 대한 평가도 높아진다.

단 5초만 있으면 가능하다.

약간의 법칙만 알면 말솜씨가 없어도 잡담에 능해질 수 있다.

최근 들어 대화를 끊이지 않고 지속할 수 있는 방법에 관한 책들이 큰 인기를 끌고 있다.

잡담을 '시간 때우는 방법'으로 파악한다면, 단순한 기교에 지나지 않는다는 인상을 받을 수도 있지만 그 본질은 다르다.

당신이 지닌 본래의 매력을 최대한 살려 돋보이게 하기 위해 잡담은 필요하다.

주위 사람에게 신뢰감과 안도감을 주어 좀 더 많은 만남과 기회를 잡기 위해서라도 잡담은 반드시 필요하다.

일은 물론 인생을 풍요롭게 하는 모든 상황에서 갖춰야 할 사회성과 커뮤니케이션 같은 최강의 능력을 자신의 것으로 만들기 위해 잡담은 필요하다.

오늘부터 당장 잡담력을 익혀보지 않겠는가?

물론 격의 없는 대화나 잡담을 진심으로 즐기기 위해서도 이 책은 도움이 될 것이다. 지금 당장 잡담을 시작하자!

차 례

시작하며 │ 잡담에서 관계는 시작된다   004

어색함이 사라지는
잡담의 다섯 가지 법칙

01   잡담은 알맹이가 없다는 데 의의가 있다   019

02   잡담은 인사 플러스알파로 이뤄진다   025

03   잡담에 결론은 필요 없다   030

04   잡담은 과감하게 맺는다   034

05   훈련하면 누구라도 능숙해진다   038

잡담의 기본 매너를 익히면
어색함은 사라진다

06   우선 칭찬부터 한다   045

07   칭찬의 내용보다 행위가 중요하다   048

08   흥미가 없어도 긍정하고 동의한다   052

09   상대가 한 말에 질문으로 되받는다   055

10   골이 아닌 패스에 능해야 한다   059

11   무슨 이야기를 나누었는지 몰라도 된다   064

12   되받을 말은 상대의 말 속에 있다   068

13   이야기가 매끄럽지 않아도 괜찮다   073

14   테이블만 있어도 한결 말하기가 수월해진다   076

15   일문일답은 거절과 같다   080

16   가장 좋은 타이밍은 스쳐 지나는 30초다   085

17   자존심은 잠시 내려놓아도 괜찮다   090

18   일상생활의 사건사고는 절호의 잡담 기회다   093

19   험담은 우스갯소리로 슬쩍 바꾼다   098

바로 써먹을 수 있는
잡담 단련법

20   상대와의 구체적인 공통점을 한 가지 찾는다   105

21   '편애 지도'로 맞춤 소재를 제공한다   108

22   지금 핫한 화제를 입수했다면 바로 활용한다   112

23   일상의 궁금증은 훌륭한 잡담 소재다   115

24   아기, 강아지, 아줌마를 상대하라   118

25   분위기를 살리는 커뮤니케이션 도구를 찾아라   121

26   친구의 친구 이야기도 좋다   126

27   잡담이 늘지 않는다면 택시를 타라   131

28   하나의 소재에서 열 가지 소재로 뻗어가는 잡담 방법   134

29   연령별 핫한 잡담 키워드에 안테나를 세운다   139

실력 발휘에 필요한 비즈니스 잡담

30   면접 잡담으로 유연성을 엿본다   145

31   중립적인 사람이 잡담에도 뛰어나다   148

32   조직에서의 평가도 결국 잡담 능력에 달려 있다   152

33   기획회의는 술자리처럼, 술자리는 기획회의처럼   155

34   숫기 없는 사람에겐 단순 업무 잡담이 유용하다   158

35   잡담에 능한 주인이 다시 가고 싶은 가게를 만든다   162

36   사장의 일은 잡담과 결단이다   166

37   잡담은 상대와의 거리를 단번에 좁힌다   168

잡담의 달인에게 배우자

38   잡담의 교과서로 터득한다   175

39   얼굴은 잊어도 잡담은 기억한다   179

40   몸이 먼저 움직이는 리액션이 중요하다   183

41   잡담에서 본론으로 전환하는 능력을 배운다   187

42   격의 없는 익살로 잡담력을 키운다   191

PART 6 잡담력은 살아가는 힘이다

43   잡담으로 끈끈한 유대감을 확인한다   195

44   능숙한 어리광이 필요하다   199

45   사람은 사실 누구나 수다쟁이다   202

46   젊은이의 잡담을 듣고 싶어 한다   205

47   잡담도 베푼 만큼 돌아온다   209

48   잡담 타임으로 집중력을 높인다   212

49   잡담으로 마음을 디톡스한다   215

50   잡담력을 익히면 영어회화 실력도 오른다   219

맺으며 | 잡초처럼 강한 잡담이 깊은 관계를 만든다   224

P·A·R·T

1

어색함이 사라지는
잡담의 다섯 가지 법칙

S M A L L T A L K

잡담은
알맹이가 없다는 데
의의가 있다

우리는 매일 잡담을 하면서 살아간다고 해도 과언이 아니다.
다시 말해, 우리는 거의 100퍼센트 잡담에 의해 타인과의 커뮤
니케이션을 취하고 있다.

하지만 최근 들어 잡담을 어려워하는 사람이 늘고 있다.

나는 대학교수라는 직업상, 10대 후반에서 20대 전반의 대학
생이나 사회인이 된 대학 졸업생과 접할 기회가 많다. 그들과 접
하면서 항상 느끼는 점이 바로 대화력의 불균형이다.

또래끼리 하는 대화에서는 엄청 활기를 띠는데, 자신과 처지가 다른 사람, 세대가 다른 사람, 환경이 다른 사람과는 만나자마자 꿀 먹은 벙어리가 되어버린다.

"안녕하세요."

"수고하셨습니다."

이 같은 인사말은 깍듯하게 잘한다.

"○○를 부탁합니다."

"○○를 해주세요."

이런 용건도 잘 전한다.

"○○는 언제 도착합니까?"

"월요일 상황은 어떤가요?"

궁금한 건 상세히 물어볼 줄도 안다.

하지만 이것으로 끝이다. 용건밖에 건네지 못한다.

"용건만 전하면 됐지! 뭐가 문제야?"

맞는 말이다. 그러나 용건만 말해서는 이 세상을 살아나갈 수 없다.

이를테면 일과 관련한 계약, 협상, 연락, 보고 등과 같은 용건을 '의미 있는 대화'라고 하자. 이런 용건들이 일상생활이나 사회생활 전체 대화에서 차지하는 비율은 사실 지극히 미미하다. 대화의 대부분은 '의미 없는 이야기, 실없는 이야기', 즉 잡담인 것이다.

젊은이들 중에는 '의미 없는 이야기를 굳이 할 필요가 있냐?', '잡담이 왜 필요한지 모르겠다!', '시간 낭비일 뿐'이라고 생각하는 사람도 있는 듯하다. 그 심정은 이해하지만 이것은 잘못된 생각이다.

실제로 회사에서도 상사와 일과 관련된 이야기는 하지만, 잡담이나 사적인 이야기는 꺼려하는 사람이 늘고 있다.

알맹이 없는 잡담에
의의가 있다

———

'잡담 = 알맹이 없는 이야기'는 정답이지만, '잡담 = 필요 없는 이야기'라는 말은 큰 오해다. 잡담에는 알맹이가 없기 때문에 의의가 있다.

단적으로 말하자면, 우리의 대화에는 '용건을 전하는 대화'와 '용건 이외의 대화' 이 두 종류밖에 없다. 잡담은 당연히 용건 이외의 대화다.

비즈니스 현장에서 주고받는 대화는 주로 두 가지다. 협상이나 계약, 확인 같은 알맹이 있는 상담과, "잘 지내셨나요?", "골프는 자주 가십니까?"와 같은 비즈니스와는 전혀 상관없는 알맹이 없는 잡담으로 이뤄진다.

그렇다면 비스니스와 상관없는 이런 알맹이 없는 잡담이 갖는 의의는 무엇일까?

잡담은 이후의 상담을 원활하게 진척시키기 위한 '땅 다지기' 역할을 한다.

잡담은 인간관계나 커뮤니케이션에서 '물줄기를 돌게 하는 것'과 같은 역할을 담당한다. 알기 쉽게 말하자면, 개그맨이나 젊은이들이 흔히 말하는 '분위기 파악'의 분위기를 담당하는 것이 잡담이다. 같은 장소에 있는 사람들과 같은 분위기를 공유하기 위해 잡담이 존재하는 것이다.

인간관계를 집에 비유한다면, 용건이나 의미 있는 이야기를 할 수 있는 힘 혹은 모국어를 정확하게 구사할 수 있는 힘 등이 토대와 기초공사가 된다.

그 위에 한 개인이나 사회인으로서 필요한 인간성이라는 골조가 있고, 또한 다양한 사회적 경험을 쌓아 익히는 매너, 타인과 사귀는 방식, 커뮤니케이션 능력 등으로 '집'이라는 틀이 형성되어 간다. 그중에서 '잡담'과 '잡담력'이 담당하는 일이 바로 물줄기를 고르게 돌게 하는 역할이다.

외관상으로 직접 드러나지는 않지만 건물에서 소홀히 할 수 없는 것이 배관공사다. 배관이 막혀 물줄기가 제대로 순환되지 못하면 어딘가 갑갑하고 불편한 집이 되어버린다.

잡담은 건물의 배관공사처럼 인간관계를 막힘없이 원활하게 풀어가기 위해 반드시 필요한 커뮤니케이션 요소다.

대화에는 두 종류가 있다

용건을 전하는 대화

예) 가게에서의 주문

커피 한 잔 주세요

예) 계약

이 금액으로 괜찮습니까?

알맹이가 있다

의미가 있다

용건 이외의 대화 = 잡담

예) 날씨 이야기

오늘은 바람이 많이 부네요

예) 안부 인사

잘 지내셨나요?

알맹이가 없다

의미가 없다

분위기를 만든다

CHECK

잡담은 알맹이가 없다는 데 의의가 있다

잡담은
인사 플러스알파로
이뤄진다

　다른 사람과 만났을 때 우리는 인사를 한다. 인사는 최소한의
매너다. 친구, 지인, 일 관계로 만난 사람, 그냥 얼굴만 아는 사
람, 난생 처음 본 사람……. 상대는 다양하지만 만날 때마다 "안
녕하세요", 첫 만남이라면 "처음 뵙겠습니다"와 같이, 다른 사람
과 이야기하는 것을 불편해하는 사람이라도 인사 정도는 한다.
아니, 사회인이라면 당연한 일이다.

　인사는 잡담을 하기 위한 절호의 계기다. 다만 주의해야

할 점은, 어디까지나 '계기'일 뿐 '인사 = 잡담'이 아니라는 것이다.

평소와 다름없는 형식적인 인사가 '잡담'으로 성장 혹은 성립할 수 있느냐, 없느냐는 인사를 주고받은 '다음'에 달려 있다.

"안녕하세요."

"아침저녁으로 제법 쌀쌀하지요."

"경기는 어떻습니까?"

"썩 좋은 편은 아닙니다."

"하는 일은 어때?"

"아유! 죽을 맛이야."

이 정도의 대화는 아직 그냥 인사 단계에 지나지 않는다. 앞으로 잡담으로 발전시키려면 이 인사에 '또 다른 이야깃거리', 즉 플러스알파가 필요하다.

잡담은 간단한 인사에서 시작된다

아침 출근길에 이웃 사람과 스치게 되었을 때, 처음에는 물론 "안녕하세요"라고 인사한다.

하지만 그 다음부터가 문제다. 인사 외에 한 마디, 사소한 화제를 덧붙여보자. 뭐든 좋다. 때마침 눈에 들어온 것이라도 상관 없다. 예를 들면 이런 식의 대화다.

"저기, 저 가게 인테리어 중이네요."

이런 느낌으로 한 마디 덧붙여본다.

"네, 다음 주에 새 카페를 오픈하나 봐요."

이렇게 상대가 응답할 것이다.

"또 젊은 사람 대상의 체인점인가요?"

"글쎄요. 조용하게 차나 한 잔 마실 수 있는 카페였으면 좋겠 는데."

"오픈하면 한 번 가봐야겠어요."

"그럼, 그땐 우리 함께 가요."

"좋아요, 꼭 그렇게 해요."

이 정도만으로 그냥 나눈 인사가 '잡담'이 되었다.

인사 후에 주고받는 플러스알파의 아주 사소한 대화. 시간으 로 치면 5~10초 남짓 될까. 하지만 단 5초뿐인 인사 외 플러스알 파의 대화로 상대에 대한 서로의 감정은 크게 달라진다. '참 느 낌이 좋은 사람'이라고 마음을 터놓게 되는 것이다.

항상 형식적인 인사밖에 나누지 않는 상대와, 짧아도 이런 잡담을 나눈 적이 있는 상대와의 유대감이 똑같게 느껴질 리는 없다. 그것이 인지상정이다. 잡담을 주고받음으로써 그냥 얼굴만 알고 지내던 사람이 그 이상의 존재가 된다. 상대에 대한 안도감과 신뢰감마저 느껴진다.

한 마디를 덧붙이는 것만으로도 상대에게 한 마디가 더 돌아온다. 인사를 주고받은 후의 사소한 대화가 잡담으로 이어져 커뮤니케이션에 있어서도 대단히 중요한 의의를 갖는다.

인사 플러스알파를 기억하라.

인사 플러스알파는 가장 간단하고 누구나 쉽게 시작할 수 있는 잡담의 기본 법칙이다.

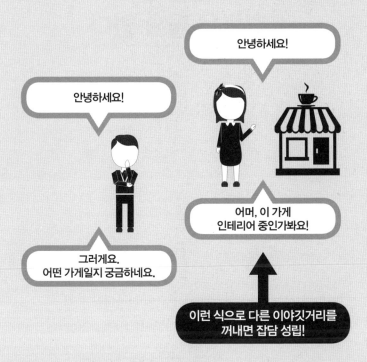

'인사 = 잡담'이 아니다

안녕하세요!

안녕하세요!

그러게요. 어떤 가게일지 궁금하네요.

어머, 이 가게 인테리어 중인가봐요!

이런 식으로 다른 이야깃거리를 꺼내면 잡담 성립!

CHECK

인사가 '잡담'으로 성장 혹은 성립할 수 있느냐, 없느냐는 그 다음에 이어지는 플러스알파에 달려 있다

잡담에
결론은 필요 없다

일반적으로 남자보다 여자가 잡담에 능하다고 한다.

어쩌다 가끔 호텔 레스토랑에서 점심을 먹을 때면, 주위에는 여자 회사원부터 주부, 지긋한 연배의 여성 그룹에 이르기까지 그야말로 온통 여자들뿐이다. 그나마 여자 회사원들은 점심시간이 끝나면 돌아가지만, 다른 여성들은 쉽게 돌아갈 생각을 않는다. 식사를 하러 왔는지, 이야기를 하러 왔는지 모를 만큼 끝없는 잡담으로 이야기꽃을 피운다.

그녀들은 어떤 이야기를 하고 있을까? 호기심에 귀를 기울여 보면 대부분 한 귀로 듣고 한 귀로 흘릴 법한 이야기들이다.

화제에 정리나 일관성도 없다. 엄청나게 산만하다.

그런 이야기들을 계속 주워듣는 중에 한 가지 사실을 깨닫게 되었다. 그것은 바로 이야기를 차분하게 정리하는, 이른바 마지막 마무리를 제대로 하는 사람이 아주 적다는 사실이다. 요컨대 이야기에 결론이 없다. 정리를 하지 않는 것이다.

그에 반해, 남자들은 잡담을 하더라도 어느 정도 단계에서 어떻게든 끝을 맺으려는 경향이 강하다. 일반론을 끌어내거나 혹은 "그러니까 이런 것이다"라고 문제의 요점을 정리한다.

그러면 화제는 거기에서 끝나게 된다. 왜냐하면 결론이 나와버렸기 때문이다. 그 결론에 대하여 이론(異論)이나 반론을 제기하면 그때부터는 잡담이 아닌 토론이 되어버린다.

예를 들어 "○○ 씨는 지각을 밥 먹듯 하면서도 변명이 어쩌나 그럴듯한지"라는 말에 "지각에 무슨 변명이 필요해. 절대 안 될 일이지"라고 응수한다면 그 화제는 대부분 거기서 끝을 맺는다. "당신 말이 맞다"가 될 수밖에 없다. 분명 더 이상의 결론은 없으니까.

그럴 때는 틀에 박힌 방식의 결론을 말해서는 안 된다.

"대체 어떤 변명이기에 그래요?"

"짐을 든 할머니가 병원 가는 길을 물어서 함께 가 줬다든 가……."

"사실 그런 일에는 화내기가 힘들죠. 진짜 화나는 건요. 요전에 ○○ 씨가……."

이런 식의 두루뭉술한 느낌으로 이야기를 흘리는 편이 훨씬 대화에 탄력이 붙는다. 어떤 화제의 주변을 맴돌고 있는 듯한 두루뭉술함이 필요하다.

"그래서 어떻게 됐어?"라고 물으면 다시 원점으로 돌아가는 이야기. 좋은 의미에서의 유연성, 그것이 바로 잡담이다.

잡담은 어디까지나 잡담이지 토론이 아니다.

결론은 어떻게 나든 상관없다. 아무도 결론을 요구해서도 안 된다(이 '아무도 요구하지 않는다'가 중요한 포인트다).

그렇기 때문에 무리하게 이야기를 정리하려 하지 않는다.

추상적이거나 일반적인 결론을 내지 않는다.

마무리를 하지 않고 이야기를 계속 끌어간다.

결론에 이르기 전 갑작스레(때론 현기증이 날 만큼) 화제를 바꾼다.

이것이 잡담을 지속하고, 잡담의 폭을 넓혀가는 비결이다.

잡담은 무리하게 정리하려 하지 않아도 괜찮다

남성 | 여성

잡담에 별로 능하지 않다	잡담에 능하다
마무리나 결론을 내고 싶어 한다	화제에 정리나 일관성이 없다
이야기를 건너뛰지 않는다	이야기를 건너뛴다
이야기에 매듭을 지으려 한다	이야기가 한없이 계속된다

"사실 그런 일에는 화내기가 힘들죠.
진짜 화나는 건요, 요전에 ○○씨가……"
이런 식으로 슬쩍 이야기를 돌리면
잡담으로 진화한다.

CHECK

잡담은 어디까지나 잡담이지 토론이 아니다
결론이 없어도 오케이!

잡담은
과감하게 맺는다

　잡담의 묘미라 하면 결론을 내지 않고 갑작스레 화제를 바꾸는 데 있다. 그러나 한편으론 이야기를 능숙하게 맺지 못하는 게 장애로 작용하여 잡담 자체를 싫어하는 사람들이 많은 것도 사실이다.

　잡담이 서툰 이상에는 하던 이야기를 맺고 싶어도 맺지 못한다. 이래서야 어색함을 없애기는커녕 자신도 상대도 '난감한 상황'에 빠지기 쉽다.

<u>결국, 잡담에서는 '이야기를 맺는 법'이 중요한 포인트다.</u>

나는 직업상 수많은 학생들과 얼굴을 마주한다. 하지만 수 명, 수십 명도 아니고 수백 명 단위로 상대하다 보니 도저히 모든 학생들의 얼굴을 하나하나 기억할 수가 없다.

개중에는 수업 후에 잠깐 선 채로 잡담을 걸어오는 학생들이 있는데, 그중의 한 명을 A군이라고 하자.

A군은 툭하면 "교수님, 술 한잔 사주세요", "볼만한 영화나 책 좀 추천해주세요" 하는 식으로 잡담을 걸어온다.

단, A군은 주로 내가 다음 수업 차 다른 강의실로 향하는 이동 시간에만 말을 걸어온다. 시간으로 치면 1분 남짓 될까 말까다. 이전 강의실에서 다음 강의실로 이동하는 사이, 그의 잡담에 말려드는 것은 항상 그 타이밍이다.

좋은 잡담은
맺고 끊음이 확실하다

———

나 역시 빈 시간이기에 누군가 말을 걸어와도 전혀 개의치 않는다. 오히려 기분전환이 되어 내 쪽에서도 A군의 잡담을 받아들일 태세를 갖출 정도다. 그래서인지 그와의 잡담은 아주 기분이 좋다.

게다가 그의 잡담은 맺고 끊는 게 분명하다는 장점이 있다. 한창 이야기 중이라도, 대화가 꼬리 잘린 잠자리처럼 될지언정 내가 강의실에 도착하면 다음과 같이 이야기를 맺는다.

"교수님. 감사합니다. 다음 강의도 잘 부탁드립니다."

"그래, 수고해라."

더없이 깔끔하다.

그 끝을 알기에 맘 편히 이야기할 수 있다.

"그럼", "다음에 또"와 같은 말은 기분 좋은 잡담을 위한 필살의 멘트인 것이다.

결론은 필요 없지만, 깔끔하게 끝낼 수 있다.

이것이 바로 '좋은 잡담'의 조건이다.

잡담에서 중요한 포인트는 '이야기를 맺는 법'

결론은 필요 없지만 깔끔하게 끝낼 것!

05

훈련하면
누구라도 능숙해진다

지금의 시대는 필요 이상으로 고도의 커뮤니케이션이 요구되고 있다. 하지만 일상생활에서의 대수롭지 않은 잡담조차 어렵게 느끼는 사람이 상상 이상으로 많다.

그러나 거듭 말하지만, 잡담력이란 유창하게 말하는 기술이 아니다.

덧붙이자면 잡담은 화술이 아니다.

재치 있게 풍부한 화제를 제공하고, 세련된 화법으로 대화를 이끌어가며, 마지막은 웃음으로 마무리한다. 이런 훌륭한 형식의 토크는 잡담에 필요하지 않다(물론 그것이 가능하다면 그보다 더 좋은 일은 없겠지만).

잡담이란 대화를 이용하여 그곳의 분위기를 조성해내는 기술이다. 따라서 잡담에 능한 사람이란, 화술이 뛰어나다기보다는 '시간을 잘 때우는 사람'이나 '이야기가 듣고 싶어지는 사람'이다.

요컨대 대화라기보다 '사람 사귐'에 가깝다.

사람 사귐에 가깝기 때문에 잡담을 나누다 보면 그 사람의 인간성이나 개성까지 묻어난다.

필요한 것은 자신의 인간성이나 개성을 말로 표현하여 상대와 잘 통하게 하는 능력이다. 함께 머무는 동안에 어색한 침묵이나 따분함 같은 거북함을 없애고 사람들과 동화되기 쉬운 분위기를 만드는 것이다.

유창하다고는 할 수 없는 다소 서툰 말솜씨라도 잡담에서 깊은 맛이 느껴지는 사람, 어설픈 말투로 많은 말을 하지 않아도 즐거운 잡담으로 분위기를 화기애애하게 만드는 사람이 있다. 또한 자신은 거의 말하지 않고 맞장구만 치면서 잡담을 무르익게 하는 사람도 있다.

잡담력 자격증이
큰 무기가 될 것이다

———

"말솜씨는 타고난다. 따라서 잡담력은 그렇게 간단하게 익힐 수 있는 능력이 아니다"라는 말은 큰 오해다. 잡담력은 선천적인 능력이 아니다.

이야기에 알맹이가 없어도 괜찮다. 일상적인 인사에 플러스알파만 있으면 충분하다. 결론을 내지 않아도 상관없다. 오랫동안 이야기할 필요도 없다. 아니, 이야기하지 않는 편이 낫다. 이번 장에서 소개한 이런 기본적인 수칙과, 이후에 이 책에서 소개할 사소한 요령과 핵심 포인트를 파악해놓으면 누구라도 잡담력은 상승한다.

잡담력은 사회성을 높이기 위한 스킬이다. 사회생활을 할 때 이 잡담력만큼 즉시 도움이 되는 스킬은 없다.

영어자격, 한자자격, 컴퓨터자격 등 세상에는 다양한 자격이 넘쳐나지만, 나는 '잡담력 자격'이라는 것도 꼭 만들었으면 한다. 취업 활동을 하는데도 잡담력은 큰 무기가 될 것이다.

유감스럽게도 우리는 대부분 지금까지 잡담을 연습해 오지 않았다. 학교에서도, 가정에서도 그럴 기회는 거의 없었다.

하지만 이제부터라도 늦지 않았다. 말솜씨가 없어도 괜찮다.

잡담력은 요점을 파악하여 연습하면 누구라도 익힐 수 있다.

앞으로 모든 상황에서 당신을 도울 최강의 스킬을 꼭 손에 넣도록 하자.

잡담은 화술이나 토크술이 아니다

맞장구만 쳐도 좋다

결론은 필요 없다

오래 이야기하지 않아도 된다

웃길 필요도 없다

말솜씨가 없어도, 유창하지 않아도 전혀 문제없다!

CHECK

잡담력은 어떤 상황에서도
당신을 도와줄 최강의 스킬이다!

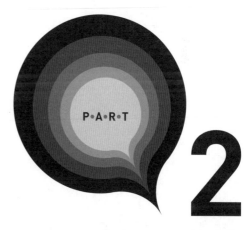

P·A·R·T

2

잡담의 기본 매너를 익히면
어색함은 사라진다

S M A L L 　 T A L K

우선
칭찬부터 한다

'갑자기 무슨 이야기를 해야 할까?'

이런 고민에 빠졌다면 우선 칭찬을 하자. 아무리 사소한 것이라도 좋다. 칭찬이야말로 잡담의 기본이다. 너무 진지하지 않게 특별할 것 없는 부분을 칭찬하면 된다. 아무튼 칭찬한다.

이유는 간단하다. 잡담이란 함께 있는 동안 서로 간의 거리를 좁히고 화기애애한 분위기를 만들어가기 위한 것이기 때문이다. 상대에게 한 걸음 더 다가가려면 칭찬이 지름길이다.

칭찬받고 기뻐하지 않을 사람은 없다. 어지간히 삐딱한 사람이 아닌 이상에는, 칭찬을 받으면 '이 사람은 나를 나쁘게 생각하지 않는구나'라고 느낀다.

나는 방송 일을 겸하는 관계로 연예인과 접할 기회가 많은데, 특히 연예인 중에는 직업의 특성 때문인지 말을 잘하는 사람이 꽤 있다.

그중에서도 단연 TOKIO(일본의 남성 아이돌 그룹. 록 밴드-옮긴이)의 고쿠분 다이치 씨를 꼽는다.

토크 프로그램이나 버라이어티 프로그램을 통해 그의 능숙한 사회는 이미 정평이 나 있지만, 그것 이상으로 그는 평소에도 잡담에 아주 능하다.

한 마디 덧붙이자면 그는 칭찬에 아주 능하다.

녹화 직전에 만나면 "사이토 선생님. 오늘 넥타이가 정말 멋져요", "그 셔츠 진짜 잘 어울려요!" 하고 항상 나에게 먼저 말을 걸어온다.

그러면 나도 "아, 그래요? 오늘은 평소보다 화려한 색으로 골라봤지요"라고 기분 좋게, 그리고 여유롭게 대답하게 된다.

눈앞에 있는 상대의
보이는 부분을 칭찬한다

———

고작 10초도 되지 않는 대화만으로도 서로에게 호의를 바탕으로 한 인간관계의 토대가 무리 없이 형성된다.

별로 친하지도 않은 상대를 갑자기 어떻게 칭찬해야 할지 난감했던 사람들은 이제 이해되었으리라 생각한다.

지금 눈앞에 있는 상대의 '보이는 부분'을 먼저 칭찬하자.

오늘의 넥타이, 셔츠……. 고쿠분 씨는 가장 먼저 눈에 띄는 것을 보고는 칭찬하는 것이다.

"사이토 선생님은 대학에서 학생들을 가르치니 참 훌륭하십니다."

이건 잡담이 아니다. 이것은 잡담에 있어 칭찬도 아니다. 이런 말을 들으면 아첨인지 비아냥인지 그 진의를 파악할 수 없어 리액션을 하기가 난감해진다.

하지만 고쿠분 씨의 '칭찬'에서는 정말로 '이곳의 분위기를 화기애애하게 만들자', '오늘 눈앞에 있는 상대와 마음을 통하게 하자'라는 기분이 느껴진다.

그렇기 때문에 나 역시 "아! 그래요?"라고 기분 좋게 리액션할 수 있다.

07

칭찬의 내용보다
행위가 중요하다

'칭찬하는 잡담'이란 "나는 당신에게 호의를 갖고 있습니다"라는 메시지다. "오늘 넥타이, 아주 멋져요." 이 한 마디는 넥타이를 칭찬하면서 상대에 대한 호의도 함께 나타내고 있다.

따라서 이때 넥타이 센스를 논할 필요는 없다. 설령 본인의 취향이 아니든, 무늬가 이상하든, 아무래도 상관없다. 이것은 잡담을 하는 데 대단히 중요한 포인트다.

칭찬의 내용이 아니라, 칭찬하는 행위 그 자체에 잡담의 목적이 있기 때문이다. 이것을 오해하면, 앞서 든 예처럼 리액션을 하기 난감한 아첨이나 비아냥이 되어 부자연스러운 잡담이 되어버린다.

잡담은
상대를 받아들이기 위한 행위다

———

가치관은 사람마다 제각각이며 사람의 수만큼 존재한다.

잡담은 결코 가치관을 발표하거나, 강요하거나, 토론하는 장이 아니다.

상대를 받아들이기 위한 행위다.

따라서 단적으로 말하면 뭐든 칭찬하는 것이 최고다.

사람들은 흔히 하나의 가치관만을 바탕으로 한 대화에 빠지기 쉽다. 티내지 않고 무난하게 남을 칭찬하지 못한다고 할 수 있다. 칭찬하는 것에 대해 긴장감을 갖고 있는 사람이 많다. 칭찬은 하고 싶은데, 역시 마음에 없는 말을 하는 것에 대한 부담감 때문일 것이다.

가볍게 넥타이를 소재로 말을 건네면 된다. 하지만 넥타이에 대해 토론을 벌이려는 생각은 서로 간에 별로 없다. 설령, 상대의 넥타이가 약간 이상하더라도 다음과 같이 말하면 훌륭한 칭찬이 된다.

"넥타이 무늬가 아주 독특한데요."

"특이해서 눈에 확 들어옵니다."

"참신해요."

"신선해요."

"○○ 씨다워요."

"유행의 첨단을 걸으십니다."

이런 식으로 뭐든 좋으니 긍정적인 감상을 말해주는 것이 중요하다. 그 한 마디에서 "사실은 그게……"와 같은 대답을 끌어내면 충분하다.

예를 들어 너구리 무늬 넥타이를 매고 있는 사람에게 "우와! 너구리 무늬가 정말 특이해요. 잘 어울리세요"라고 말한다고 해서 사탕발림처럼 들리지는 않는다.

"사실은 제 얼굴이 너구리를 닮았다며 친한 친구가 선물해준 거예요."

이 한 마디를 끌어낼 수 있다면 잡담은 깔끔하게 성립된다!

뭐든 좋으니 상대를 칭찬하라!

예) 상대의 넥타이를 보고

"넥타이 무늬가 아주 독특한데요."
"특이해서 눈에 확 들어옵니다."
"참신해요."
"신선해요."
"○○ 씨다워요."
"유행의 첨단을 걸으십니다."

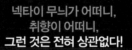

넥타이 무늬가 어떠니,
취향이 어떠니,
그런 것은 전혀 상관없다!

CHECK

상대를 '받아들이고 있다'는 메시지로서 '칭찬'한다

08

흥미가 없어도
긍정하고 동의한다

마주한 상대가 "요즘 장안의 화제인 영화 ○○○를 봤는데 의외로 재미있더라고요" 하는 이야기를 꺼냈다고 하자. 하지만 당신은 그 영화를 보고 꽤 지루한 느낌을 받았다.

포인트는 여기에 있다.

이때 자신의 감정을 앞세워, "그 영화 말입니까? 어찌나 지루하던지. 완전 졸작이던데요"와 같은 대답을 하면 여기서 대화가 싹둑 끊겨버린다.

하지만 여기서 "스토리는 평이했지만 주인공 ○○○의 연기가 참 좋더라고요. 연기도 연기지만 영상이 정말 환상적이었어요"라고 대답한다면, "맞아요. 전 아버지 역의 ○○○가 인상 깊었어요. 그 스케일 역시 큰 스크린이 아니면 느끼기 어렵죠" 하는 식으로 대화의 폭이 넓어진다.

이때 중요한 것은 미리부터 부정하지 않고 반대 의견을 내지 않는 것이다.

상대의
장점을 찾아라

————

상대가 좋아하는 이야기를 하고 있는데 초장부터 "그건 아니다", "그렇지 않다", "그렇게 생각하지 않는다"라고 말해서는 분위기를 만들기는커녕 망가뜨리는 것밖에 되지 않는다.

상대의 이야기를 긍정적인 방향으로 전환함으로써 상대도 기분 좋게 그 화제를 넓혀간다는 기분이 들게끔 한다. 그러기 위해서는 흥미 없는 화제나 싫어하는 것이라도 일단 긍정적으로 대답하고 동의하는 것이 기본 전제다. 이것은 앞서 말한 '칭찬하는 것'과 일맥상통하는 부분이다.

때마침 함께 자리하여 잡담을 나누게 된 사람이 자신과 똑같은 취미와 기호를 가졌을 리는 만무하다. 함께 이야기하고 있어도 취미가 다르고 기호가 다른 것은 당연하다.

이것은 좋고 싫음과는 다른 차원이므로 어떤 것에서든 장점을 찾아내는 노력을 아끼지 않아야 한다. 긍정과 동의의 말 역시 잡담의 화제를 늘리고 양호한 인간관계를 구축하기 위한 중요한 스킬의 하나라는 점을 잊어서는 안 된다.

09

상대가 한 말에
질문으로 되받는다

말솜씨가 없어 잡담이라면 질색인 사람들이 있다.

하지만 그런 사람이야말로 잡담에 능해질 수 있는 가능성이 높다. 다시 말하자면, 상대 위주가 되는 것이다.

잡담은 자신보다 상대에게 대화의 주도권을 쥐게 하는 편이 훨씬 분위기가 고조된다.

여기서 '주도권을 쥐게 한다'는 말은 자신은 이야기하지 않고 상대로부터 화제를 끌어낸다는 의미다. 따라서 당신의 말솜씨가 뛰어나야 할 필요는 전혀 없다.

그것보다 중요한 것은 상대가 한 말에 '질문'이라는 형태로 되받는 힘이다.

이것이라면 잡담을 잘 풀어가는 사람이 아니더라도 바로 실천할 수 있다. 아니, 실천하기만 해도 잡담에 능한 사람으로 변신할 것이다. 속는 셈치고 한 번 시도해보자.

상대가 흥미로워하는 이야기는
절대 빗나가지 않는다

―――

반려견이 화제에 올랐을 때, 상대가 "저희 집에는 개가 한 마리 있어요"라고 말문을 열었다면 어떻게 해야 할까?

이럴 땐 "저도 최근에 개를 키우기 시작했어요"와 같은 자신의 이야기가 아니라, "그래요? 어떤 종의 개인가요?" 하고 상대로부터 대답을 끌어낼 수 있도록 상대 위주로 말을 걸어야 한다. 자신의 이야기를 하는 자리가 아닌 이상에는, 단순명료하게 상대의 이야기에 오로지 질문으로 되받는다. 이렇게만 해도 분위기가 무르익는다.

상대의 이야기에 질문이라는 먹이를 우선 던지고 맞장구를 친다. 그 먹이에 상대가 걸려들었다면 또 다음 질문을 하면 된다. 자신이 주체가 되는 이야기를 하지 않더라도 잡담은 훌륭하게 성립된다. 여기서는 화제가 풍부하다거나, 수다를 좋아한다거나, 말솜씨가 뛰어나다거나 하는 것은 상관없다.

사람은 자신이 좋아하는 것에 관하여 이야기를 꺼내면, 그것에 관해 자꾸 이야기하고 싶어지는 법이다. 그렇게 하면 좋든 싫든 대화에 물이 오른다.

아무리 자신이 능숙하게 대화를 끌어가려 해도, 상대가 그 이야기에 관심을 보이지 않으면 어쩔 도리가 없다. '흥미가 없다'는 이유로 대화 자체가 끝나버릴 가능성도 있다.

절대 빗나가지 않는 화제란, 상대가 흥미 있어 하는 이야기다.

따라서 대충 이야기를 끝낸 다음 "그런데 혹시 개 키우세요?"라는 말이 나왔다면, 그때 비로소 "저도 최근에 개를 키우기 시작했어요"라고 말하면 된다.

그래서 말솜씨가 서툰 사람일수록 잡담의 잠재 능력이 높다는 것이다.

잡담은 상대가 한 말에 오로지 질문으로 되받는다

상대가 하는 말에
'질문'이라는 형태로 되받는다

저희 집에는 개가 한 마리 있어요

저도 최근에 개를 키우기 시작했어요

어떤 종의 개인가요?

말솜씨가 없어도, 화제에 자신이 없어도 할 수 있다!

CHECK

자신보다 상대에게
이야기의 주도권을 쥐게 하는 쪽이 무르익는다

10

골이 아닌
패스에 능해야 한다

잡담을 할 때는 상대가 주체라는 자세를 갖는 것이 매우 중요하다. 자기 이야기만 해서는 상대가 따라오지 못한다. 하지만 아무리 그렇더라도 100퍼센트 상대의 화제로만 잡담을 하다 보면 욕구 불만이 쌓이게 마련이다. 상대 역시 '이 사람, 내 얘기를 듣고 있기는 한 걸까?'라는 불안감에 휩싸인다.

그래서 잡담에서는 상대 주체의 화제와 자신 주체의 화제가 전체에서 차지하는 비율, 즉 화제 지배율이 중요하다.

텔레비전으로 축구 경기를 볼 때면 '볼 점유율'이라는 말이 자주 나온다. 화면 아래에 '볼 점유율 AC밀란 60 : 바르셀로나 40' 등으로 표시된다. 시합 중에 어느 팀이 볼을 갖고 공격하고 있는지를 나타내는 수치인데, 이 발상은 잡담에도 적용된다.

결국은 '화제 지배율'이라는 말이다. 잡담에서는 상대 위주의 화제(타인의 이야기)와 자신의 화제(자신의 이야기) 지배율(포지션)에 유의해야 한다. 무엇보다 상황에 맞춰 적절하게 배분하는 것이 중요하다.

축구와 다른 점이라면 볼(화제) 지배율이 높다고 시합(잡담)이 반드시 유리하게 흘러가지만은 않는다는 것이다.

이런 경우, 치우침 없는 균등한 의미에서의 이상적인 지배율은 50대 50이지만 모든 경우에 해당되지는 않는다. 어디까지나 이상이며 잡담 상대의 상황에 따라 화제 지배율을 바꿔갈 필요가 있다.

화제 지배율을 고려하라

———

고객이나 거래처 등, 일 관계로 만난 사람들과 나누는 사소한 잡담을 살펴보자.

상담이 아닌 서로 간의 잡담을 나누는 중에도 뭔가 비즈니스에 유리한 정보를 듣고 싶어 하는 사람은 있게 마련이다. 그럴 때는 자신의 이야기 비율을 조금 높이고 자신이 꺼낸 화제로 잡담을 리드해가면 된다. 그 비율이 6대 4, 7대 3이라도 괜찮다. 상대의 이야기가 다소 줄어들더라도 충분히 유용한 잡담으로 성립될 수 있다.

상대가 이야기를 좋아하는 사람이라면 반대로 상대의 비율을 높인다. 8대 2 정도로 하여 상대가 8, 자신이 2를 담당하도록 하면 잡담은 술술 풀린다.

원래 말하기 좋아하는 사람은 화제가 자신에게서 다른 데로 옮겨간 순간 흥미를 잃게 되는 수가 있다. 그것을 두고 "유치하다", "어른답지 못하다"고 말해봤자 소용없다. 그럴 때는 애초부터 자기 이야기는 포기하고, 듣는 역할에 충실하면 상대가 페이스(pace)를 만들어줄 것이다.

이렇듯 잡담은 화제를 지배하는 것만이 아니라, 상황에 따라 상대에게 패스를 돌리고 화제를 지배하게 하는 것도 중요하다.

앞서 말했듯이 잡담에는 결론이 필요 없다. 결론이 나오면 이야기는 거기서 끝나버리기 때문이다. 애써 분위기를 띄운 잡담이 맥없이 끊어진다. 그렇기 때문에 잡담에서는 '결론'이라는 골을 향해 슛을 날려서는 안 된다. 패스가 중요한 이유다.

그럼에도 사람들, 특히 남자들은 잡담을 하면서도 슛을 날리고 싶어 한다.

"그래서 결국엔 어떻게 됐어?"

이 한 마디로 게임은 강제 종료되고 만다.

확대도 전개도 되지 않는다. 키퍼가 되어 이야기를 정리하려는 것도 당연히 안 된다.

화제 지배율 100퍼센트, 상대에게 볼을 주지 않고 독점해서는 더 이상 잡담이라고 할 수 없다. 그것은 강연회나 토크쇼다.

잡담은 화제를 서로 지배하고, 볼을 패스하며 경기를 진행시키는 데 의의가 있다.

잡담은 슛이 아니라 패스를 돌리듯이

상황에 따라 상대에게 패스를 돌리고,
화제를 지배하게 하는 것도 중요

'화제(볼) 지배율'은
상대 8 : 자신 2가
이상적이다!

 8:2

 ← 슛이나(이야기에 결론을 내리거나)
키퍼 캐치(이야기를 정리하는 것)는 금지

CHECK

잡담은 듣는 역할에 충실하면 원활히 진행된다

11

무슨 이야기를
나누었는지
몰라도 된다

"근데 말이야, 지금까지 무슨 얘기를 했더라?"

이런 말이 나왔다면 그것은 좋은 잡담이 이뤄졌다는 증거다.

분위기가 무르익는 잡담은 하나의 화제로 그치지 않고 다음에서 그 다음 화제로 가지를 뻗으며 전개되어 간다.

다만 이전의 화제를 리셋하여 전혀 상관없는 이야기를 시작하는 게 아니라, 전후 화제의 어딘가와 연관되어 사슬처럼 엮여지도록 하는 것이 중요하다.

따라서 화제가 바뀔 때는 "전혀 다른 얘깁니다만……"이 아니라 이전 대화에서 나왔던 말이나 에피소드를 잘 파악하여 "○○라고 할 것 같으면 이번에……" 하는 식으로 <u>가지를 뻗어가야</u> <u>한다</u>.

꼬리에 꼬리를 무는
연상력으로 이어간다

———

여기서 중요한 것은 연상력이다. 즉 상대의 이야기에서 다음 화제를 연상하는 힘, 상대의 이야기를 다른 화제와 연관시켜 새로운 잡담을 끌어내는 힘이다.

<u>한창 무르익은 잡담일수록 이 연상은 꼬리에 꼬리를 문다.</u> 하나의 화제나 키워드에서 연상하여 서너 개 정도의 화제를 끌어내고, 인출된 각각의 화제로부터 연상은 더욱 팽창해간다. 나아가 그 다음 화제로부터도…….

그렇게 되면 화제는 거미줄 엮이듯 계속 확대되어 간다.

하지만 현실은 안타깝게도, 상대가 했던 말에서 어떻게 연상을 해야 할지 연습을 할 기회가 적다.

그래서 나는 대학교 수업에서 가끔 '연상게임'을 한다. 다양한 말을 표제로 하여 어떻게든 연상을 하게끔 한다.

수업에서 다자이 오사무(일본에서 가장 사랑받는 소설가 중 한 사람-옮긴이)를 다룬 날이라면, "다자이 오사무로 말할 것 같으면……" 하고 학생들에게 질문을 던진다.

이 질문에 누군가가 다자이 오사무의 장편소설을 거론하며 "역시《인간실격》이겠죠"라고 대답하면, 그 다음은《인간실격》을 표제로 연상할 수 있는 화제를 각자 갖고 모여 학생들끼리 잡담을 시킨다.

처음에는《인간실격》이라는 작품 자체에 관한 화제가 중심이 되지만, 자연스럽게 다양한 방향으로 뻗어간다.

"뭐랄까,《인간실격》은 제목 자체가 거창하지 않나요?"

"대체 어디까지가 인간의 합격점일까요?"

"요즘 뉴스를 보면 '인간실격'인 인간들이 수두룩하잖아요."

"인간으로서 합격, 실격을 정하는 심판이 있을 수 있을까요?"

"법관이 그래도 거기에 가깝지 않을까요?"

"글쎄요. 배심원 제도로 우리도 심판할 가능성이 있긴 해요."

이런 식으로 한 시간 정도가 눈 깜빡할 새 지나가버린다.

맨 처음 화제였던 '다자이 오사무'는 이미 사라져버렸다.《인간실격》이라는 소설마저도 논외가 되어버렸다.

그러나 잡담을 하려면 이쪽이 바람직하다. 아니 잡담은 이래야만 한다.

다자이 오사무나《인간실격》이라는 작품에 관해 파고들어 이야기를 계속하는 것은 토론이나 논의이지 잡담이 아니다. 잡담과는 약간 성격이 다르다.

토론이나 논의는 한 가지 화제에 관해 파고들거나 혹은 관련 지식을 쌓아간다. 똑같이 다자이 오사무와 관련된 화제라도 작풍이라든가 인간성의 본질로 향한다. 이른바 화제가 수직 방향으로 확대되는 것이 토론이다.

그에 반해 잡담은 화제가 수평 방향으로 확대되어 간다. 연상이 연상을 부르고, 그것이 계기가 되어 화제로부터 이야기가 점점 비껴간다. 처음의 화제를 잊어버렸다는 것은 연상의 연쇄가 훌륭하게 확대되었다는 증거이기도 하다.

남의 이야기에서 연상하여 화제를 비껴가는 것이다. 이 스킬만 익히면 잡담 중에 대화가 막혔을 때 다른 화제로 멋지게 전환할 수 있다. 축구로 말하자면 공간을 확보한 것과 같다. 잡담(볼)을 전개하기 쉬운 화제(공간)를 찾아내어 그 방향으로 화제를 비껴가는 것이다.

연상하여 비껴간다.

이것은 잡담을 컨트롤할 때 절대 빼놓을 수 없는 스킬이다.

12

되받을 말은
상대의 말 속에 있다

나는 대학교 수업에서 '1분 동안 옆 사람과 대화만으로 분위기를 띄우자'라는 실험을 한 적이 있다. 테마나 화제는 자유롭게 선택해도 좋으니, 어떻게든 대화로 분위기를 띄워보는 것이 수업의 목적이다.

그러면 남자끼리 혹은 여자끼리 짝을 이룬 팀은 비교적 쉽게 분위기가 무르익는다. 서로에게 공통된 화제를 찾기 쉽기 때문이다.

문제는 남녀가 짝을 이룬 학생들이다. 여기서는 좀처럼 공통의 화제를 찾지 못한다.

예를 들면, 야구를 좋아하는 남자가 야구에는 전혀 관심이 없을 법한 여자 앞에서 야구 이야기를 늘어놓는다고 하자.

"난 초등학교 시절부터 쭉 야구를 했는데, ○○○ 팀의 ○○○ 선수를 가장 좋아해요."

"올해 FA선언을 한 ○○○ 선수는 수비는 좋은데 타격이 약간 불안해요. 빅리그에서 통하기는 어려울 것 같아요."

하지만 야구에 전혀 흥미가 없는 상대 여자는 남자의 어떤 말을 들어도 "네?"라고 할 수밖에 없다.

이 경우, 여자는 남자보다 잡담에 능하기 때문에 어떻게든 장단을 맞춰줄지도 모른다. 하지만 반대로 남자가 여자의 흥밋거리, 이를테면 쇼핑, 브랜드, 맛집 같은 화제에 맞춰줄 수 있느냐면 꼭 그렇지만은 않다. 아니, 상당히 어렵다. 일단 이야기가 뻗어가지 못한다.

자기가 좋아하는 것만으로 화제를 삼을 수는 없다. 그래서는 잡담이 지속될 수 없다.

잘 모르는 이야기는
일단 듣고보자

———

잡담의 비법은 상대 위주에 있다는 점을 잊어서는 안 된다. 자신의 관심사가 아니라 상대의 관심사로부터 이야기를 끌어내야만 잡담이 성립될 수 있다.

사전 약속도 없이, 어쩌다 함께한 사람과 그곳의 분위기로 시작하는 것이 잡담이다. 그렇기 때문에 상대에 따라 어떤 화제가 나올지 전혀 예측이 불가능하다. 모든 화제를 따라간다는 것은 불가능하더라도, 가능한 한 상대의 화제에 맞춰 대화를 넓혀가는 것이 중요하다.

그럼 어떻게 하면 될까?

절대 어려울 것은 없다.

잘 모르는 분야가 화제에 올랐다면 우선은 듣는 역할에 충실해보자. 그리고 상대의 화제에 뭐라도 좋으니 응수를 하면 된다.

예를 들어 여자가 "편의점에서 속눈썹을 자주 사요"라고 말했다면, 모르겠다는 표정으로 멍하니 있지 말고 바로 응대를 해줘야 한다.

"속눈썹을 산다고요?"

"네. 붙이는 속눈썹이요. 속눈썹이 길어야 예뻐 보이거든요."

"그런 것도 있나요?"

"그럼요. 별별 게 다 있죠."

"깜짝 놀랐어요. 속눈썹을 산다고 해서……."

이런 식으로 뭐든 좋으니 이야기를 듣고 떠오른 것을 그대로 되받으면 된다.

그 한 마디로 상대의 이야기하고 싶은 기분에 불을 지펴 잡담은 한층 무르익어 간다.

초조해할 필요 없다.

상대가 잡담이라는 볼을 당신에게로 패스했다.

그렇다면 볼을 받아서 멈춘 다음 자기 식으로 다시 패스하면 된다.

상대의 화제를 그대로 따른다

그녀를 도저히 따라갈 수 없어…

편의점에서 속눈썹을 샀는데…

그런 것도 있나요?

아! 그렇군요!

뭐든 좋으니 이야기를 듣고
떠오른 것을 그대로 말하면 된다

자신은 전혀 관심 밖의 화제라도 일단 반응을 보인다

13

이야기가
매끄럽지 않아도
괜찮다

바야흐로 개그 프로그램의 전성시대다. 그뿐 아니라 텔레비전을 켜면 개그맨이 등장하여 진행하는 예능 프로그램이 여기저기서 방영되고 있다.

그런 영향 탓인지 요즘 젊은이들은 친구끼리 대화를 할 때도 '뭔가 재미난 이야기를 해야 한다', '이야기를 할 바에야 화끈하게 웃겨야 한다', '확실한 필살기를 익혀둬야 한다'와 같은 압박이랄까, 강박관념에 사로잡혀 있는 듯하다.

하지만 그것은 큰 오해다.

<u>전혀 걱정할 필요가 없다.</u>

인기 있는 개그 프로그램에서 유명 개그맨이 터트리는 폭소 에피소드, 그것은 프로 중의 프로가 갈고닦은 실력으로 하는 이야기들이다. 말 그대로 '예능'이다. 남을 웃기는 일이 직업인 그들이 하는 이야기는 당연히 재미있을 수밖에 없다.

개그맨도 아닌 우리가, 썰렁하지 않게 깔끔한 유머로 마무리 멘트까지 날리며 즉시 반응을 끌어내는 것은 당연히 무리다. 절대 못한다.

앞에서도 잡담에 결론은 필요 없다는 말을 했다.

여기서 말하는 '결론'은 이야기를 하면서 '즉시 반응이 오는 재미난 결론'을 의미한다. 따라서 잡담에 '결론'은 필요 없다.

"그래서 결론이 뭔데요?"

"뭘 어떡하자는 거죠?"

이런 말은 전혀 분위기 파악을 하지 못하는 말, 절대 해서는 안 될 말 중에서도 으뜸이다.

이야기를 끝낼 때는 자연스럽게 마무리해야 한다.

"아니, 시간이 벌써 이렇게 됐나요. 그럼 다음에 또."

이 정도면 충분하다.

<u>결론이 있다, 결론을 내린다, 깔끔하게 정리한다, 이런 조</u>

건이 붙지 않는 것이 잡담의 장점이다.

애초에 "그런데 결론이 뭐냐?"고 묻는다 하더라도 "그냥 그걸로 끝이다"라고 답할 수밖에 없는 것이 잡담이다. 결론이 없는 것이 잡담이라고 하는 편이 낫겠다.

썰렁하지 않으면서 즉시 반응이 오는 이야기를 하기 위해서는, 완성된 에피소드를 재미있고 흥미롭게, 또한 능숙하고 매끄럽게 들려줄 수 있는 고도의 테크닉이 필요하다. 그것은 곧 남 앞에서 말하는 기술이며, 토크술이나 화술의 범주에 들어갈 만큼 상당히 높은 수준의 말솜씨가 요구된다.

잡담은 토크가 아닌 커뮤니케이션이다. 또한 잡담이라는 커뮤니케이션의 지반 없이는 고도의 테크닉도 익힐 수 없다.

'토크술', '화술'보다는 잡담력이 우선이라는 사실을 반드시 명심하자.

테이블만 있어도
한결 말하기가
수월해진다

커피잔을 놓고 이야기 몇 시간, 가볍게 커피나 한잔 하고 나가려 했는데 어느덧 시간을 잊은 채 이야기에 빠져든다. 예나 지금이나 카페는 잡담의 메카다.

그런데 왜 카페에서 하는 대화는 탄력을 받을까?

그 답을 말하기에 앞서…….

나는 대학교 수업에서 '압박 면접 게임'을 도입하고 있다. 학생 가운데 다섯 명 정도를 면접관 역으로 뽑아 다른 학생들을 면접하는, 이른바 모의 면접이다.

면접은 한 사람씩 본다. 의자에 앉아 있는 다섯 명의 면접관 앞에 서서 질문에 답해 간다. 차례차례 질문을 받지만 깊이 생각하거나 침묵해서는 안 된다. 어쨌든 즉시 대답해야만 한다.

"럭비 동아리에서 활동했습니다."

"왜 야구나 축구를 하지 않았나요?"

"취미는 독서와 스포츠 관전입니다."

"평범하군요. 다른 취미는 없나요?"

"지금 독일어 회화를 공부하고 있습니다."

"앞으론 중국어가 대세인데 왜 독일어를 공부하죠?"

면접관은 연이은 질문으로 상대를 몰아붙이며 압박해간다.

아무리 말솜씨가 좋은 사람이라도, 면접이라면 자신 있다고 자부하는 사람도, 이쯤에서는 다들 당혹스러워한다.

그 긴장감이란 게 보통이 아니다. 대답에 궁한 학생이 가여워질 정도다.

"그러니까 제 말은……."

"아니, 그게 아니라……."

말을 더듬으며 쩔쩔매는 학생들이 수두룩하다.

그런 다음에는 면접관과 테이블을 사이에 두고 앉아서 면접을 받게 한다. 그러면 서 있을 때보다 능숙하게 질문에 답할 수 있게 된다.

그 테이블 위에 커피라도 한 잔 놓아두면 훨씬 편안하게 답할 수 있다. 물건이 놓여 있는 것만으로 긴장감이 상당히 해소되기 때문이다.

카페에서는
대화나 잡담은 덤이다

———

원래 '압박 면접'에서는, 질문을 받기 전 면접관이 나란히 앉아 있고 그 앞에 혼자 서 있는 상황만으로도 긴장감이 극에 달하게 마련이다.

서 있어야만 할 뿐 앉을 수도 없다. 그렇지 않아도 어색한데 손 둘 곳조차 마땅찮다. 사람들은 이런 상황에 놓이면 평소처럼 말을 하지 못한다.

그런데 테이블 위에 음료, 그것도 면접을 하는 쪽과 당하는 쪽의 테이블 양쪽에 같은 음료가 놓여 있으면 한결 마음이 편안해져 질문에 답하는 데에도 여유가 생긴다.

얼굴을 서로 마주하고 있는 사람 사이에 테이블과 음료가 있다. 이 구조는 커피숍이나 카페의 구조와 똑같다. 카페는 많은 사람의 마음을 편안하게 만드는 요건을 갖춘 이상적인 잡담의 공간이다.

더불어 카페가 '적당히 공적인 장소'라는 점도 큰 포인트다.

많은 사람이 있는 대중적인 공간이지만, 그 속에 사적인 분위기를 조성할 수 있는 구조가 갖춰져 있다. 완전히 독립된 공간에서 1대 1이라면 긴장할 수도 있지만, 다른 손님도 보이는 약간 시끄러운 상태에서는 이야기를 나누기가 훨씬 수월하다.

또한 카페의 경우, 사실은 이야기하는 게 목적이지만 "잠깐 차나 한잔 하실까요?"라고 말할 수도 있다. 목적은 '차를 마시는 것'이며 '이야기하는 것'은 어디까지나 부수적이라는 구조를 만드는 것이다.

카페에는 차를 마시기 위해 들어간다는 대의명분이 있다. 대화와 잡담은 덤이다. 따라서 특별한 이야기가 아니라도 괜찮다는 안도감을 갖게 한다. '뭐, 차 한잔 마시러 온 건데' 하고 빠져나갈 구멍도 있다. 가볍게 맥주 한잔 할 수 있는 술집도 마찬가지다.

본래의 목적은 대화 이외에 있다는 대의명분과 상대와의 사이에 놓인 커피잔, 술병, 술잔 같은 아이템이 대화의 긴장감을 풀어주는 역할을 하는 것이다.

15

일문일답은
거절과 같다

나이 차가 많은 윗세대와 이야기하는 것은 부담스럽고 성가
시다. 회사 상사와도 일과 연관된 보고나 연락사항 이외에는 가
능한 한 피하고 싶어한다.

이런 젊은이들이 나날이 늘고 있다고 한다. 그들의 기분도 이
해가 되지만 사실 무척이나 안타깝다. 그런 상황이 어색하여 곤
혹스러워하는 쪽은 젊은 사람이나 부하가 아닌 오히려 상사와
연장자 쪽이다.

부하직원을 데리고 거래처라도 가는 날에는, 몇 시간이고 묵묵부답으로 있으니 상사의 마음이 편할 리 없다.

최근에는 오히려 상사가 부하직원의 눈치를 보며 말을 거는 경우가 많다고 한다. 이런 경우에 흔히 볼 수 있는 대화의 예를 들어보자.

"자넨 어떤 스포츠를 좋아하나?"

"별 다르게 없습니다."

"술은 센가?"

"보통입니다."

"일은 할 만한가?"

"그저 그렇습니다."

질문에만 대답하는, 이른바 일문일답 스타일이 아주 두드러진다.

"학교생활은 어떠니?"라고 묻는 부모에게 "그냥 그래요"라는 대답밖에 하지 않는 사춘기 아이와 다를 바 없다. 그 다음은 가타부타 도통 반응이 없다. 당연히 대화는 거기에서 끝나버린다. 이래서야 아무리 이야기를 꺼낸들 대화가 이어질 리 없다.

예를 들어 상사가 당신에게 "요즘 휴일에는 뭘 하나?"라고 물었다고 하자.

어쩌면 질문을 받은 당신은 자신의 사적인 영역을 침범당한 듯한 불쾌감을 느꼈을지도 모른다. 일 외적인 것은 이야기할 필요가 없다며 딱 잘라 말하고 싶은 마음도 굴뚝같을 것이다.

하지만 상사도 당신이 휴일을 어떻게 보내는지에 사실 관심이 없다. 대부분은 대화가 끊겨 어색해질까봐 부담 없이 잡담을 즐기려는 것뿐이다.

잡담은
캐치볼이다

———

편하게 생각하자. 자의식이 너무 과잉되어서는 안 된다.

"요즘 일 외에 어떤 데 관심이 있나?"라는 질문을 받았을 때, 그냥 "영화입니다" 하면 "아, 그래!"로 대화는 끝이 난다.

하지만 그 다음에 "요전에 봤던 영화는 정말 좋았어요. 별 기대 없이 봤는데 좋은 의미에서 보기 좋게 배반당했습니다!"와 같은 플러스알파의 한 마디만 넣어 대답해도 그 대화는 꽤 괜찮은 잡담으로 변신한다.

그리고 그 다음은 먼저 질문했던 상사가 다시 "누가 주연이었더라? 나도 한 번 보러 가야겠다"와 같은 식으로 대답을 하고, 또 그 말에 대답을 한다.

그런 식으로 서로가 편안하게 대화를 이어갈 수 있다.

일찍이 상대에게 관심을 갖는 것이 예의인 시절이 있었다. 관심 있는 상대의 취미를 알아내어 화제로 삼는 것은 커뮤니케이션의 기본이며 지극히 당연한 일이었다.

그에 반해 요즘은 상대에게 관심을 갖는 것 자체를 성가셔 하는 풍조가 강하다. 하지만 당신의 커뮤니케이션 능력은 대수롭지 않은 잡담을 주고받은 인상으로 판단된다.

다시 말해, 젊은 사람이야말로 이런 대수롭지 않은 잡담을 어떻게 주고받느냐로 그 능력이 판가름 나는 것이다.

이것은 기회다.

강조할 것까지도 없이, 잡담은 캐치볼이다.

"취미는?"이라는 질문에 "별 다르게 없다"고 대답하는 것은 상대가 던진 볼을 받고 그냥 들고 있는 것이나 마찬가지다. 상대가 제공해준 화제에 그냥 대답만 해서는 잡담이 성립되지 않는다.

'적어도 일문이답 이상은 해야 한다.'

말에 플러스알파의 덤을 붙여 되돌려줄 때 비로소 잡담은 성립된다.

잡담은 상대의 이야기에 계속 질문으로 되받는 것

일문일답은 '당신과는 더 이상 이야기하고 싶지 않다'는 거절의 태도

별 다르게 없습니다 ✕

부하

자네는 어떤 스포츠를 좋아하나?

상사

지금은 하고 있지 않지만 건강을 위해 마라톤을 시작할까 생각 중입니다. 부장님은 어떤 운동을 하세요? ◯

커뮤니케이션 능력이 있는 친구로군!

CHECK

일문일답 이상으로 상대에게 볼을 돌린다

16

가장 좋은 타이밍은
스쳐 지나는 30초다

사무실 계단에서 우연히 마주친 사람과 잠깐 이야기를 나눈다. 남자의 경우엔 화장실에서 나란히 볼일을 보면서 잠깐 이야기를 한다.

시간이라야 고작 30초 정도다. 이렇게 잠깐 스치듯 나누는 30초의 잡담이야말로 현대사회에 딱 들어맞는 새로운 형태의 잡담이다.

예전의 잡담은 대부분 이미 알만큼 아는 사람끼리 커피숍이나 술집, 공원이나 길가에서 어느 정도 자리를 잡고 이야기를 하는 식이었다.

하지만 현대사회는 인간관계의 폭이 훨씬 넓어진 대신 얇아지면서 만남 자체도 가벼워졌다. 한두 시간 정도 여유롭게 잡담을 즐길 시간적 여유도 사라지고 있다.

이런 상황에서 우리에게 필요한 잡담 스타일은 '우연히 만났다가 2, 30초 이야기하고 총총히 헤어지는' 것이다.

'뭐야, 고작 30초?'라고 생각하는 사람도 많을 것이다.

하지만 실제로 잡담을 해보면 30초란 시간은 상상 이상으로 길다. 30초면 이야기의 틀이 꽤 잡힌다. 1분이 되면 잠깐 서서 하는 이야기라도 상당히 본격적인 화제로 넘어간다.

그냥 인사라면 "잘 지내셨나요?", "네. 오랜만입니다"로 충분하다. 고작 5초면 끝이 난다. 그 다음 25초에서 어떻게든 이야기를 꺼내야 한다.

예를 들면 다음과 같다.

"네. 오랜만입니다."

"전 지난주에 요즘 한창 인기몰이 중인 연극을 봤는데요. 꽤 재미있더라고요."

"아마 공연이 이번 주까지죠? 엄청 성황이었으니 앙코르 공연이 나오지 않을까요?"

"그러게요. 그럼 다음에 또 봅시다."

이렇게 전부 정리해도 넉넉하게 30초. 인사 플러스알파에 30초면 충분하다.

그러나 이렇게 글로 쓰니 간단해 보이지만 실제로 해보면 의외로 어렵다. 어느 정도 내용이 있는 화제를 순간적으로 선택할 필요가 있기 때문이다.

그래서 내가 대학교 수업에서 도입하고 있는 것 중 하나가, 학생들을 두 줄로 세우고 각자 앞에 있는 상대와 잡담을 나누게 하는 것이다. 그리고 30초가 지나면 상대를 바꿔 다른 사람과 또다시 30초 동안 잡담을 시킨다.

"처음 뵙겠습니다. 이게 요즘 유행하는……."

"아, 그렇군요. 저도 실은……."

"자, 30초! 상대를 바꿔주세요."

"반갑습니다. 어떤 운동을 하세요?"

"테니스 동아리인데 요즘은 코트 예약이 너무 힘들어서……."

"자, 30초! 상대를 바꿔주세요."

이런 식이다. 미국의 대표적 민속무용인 오클라호마 믹서처럼 파트너를 바꿔가며 10명, 20명 계속해간다. 한마디로 사이토식 잡담력 양성 게임이라고 볼 수 있다.

처음에는 대부분의 학생들이 힘들어한다.

그러나 10명, 20명씩 번갈아가며 30초 잡담을 반복하는 하드 트레이닝을 계속하면 점점 내성이 생겨 스트레스에 강해진다.

다시 말해, 사람에 익숙해진다. 사람에 익숙해지게 되면 처음 만난 상대와의 잡담에도 긴장하지 않게 된다.

30초
화제만 있으면 오케이

———

맨 처음 난관에 부딪치는 것은 화제로 삼을 이야깃거리다. 학생끼리의 대화는 아무래도 "요즘 어떤 아르바이트를 하세요?", "다음 수업은 뭐예요?"와 같은 이야기로 일관되기 쉽다.

한쪽이 어느 정도 의미 있는 소재를 꺼내고, 다른 한쪽이 그 순간에 플러스알파로 대답하기란 상당히 어렵다.

이 수업에서는 학생들에게 사전에 30초 정도 잡담 소재를 준비하도록 시킨다. 플러스알파 부분에 무슨 이야기를 할 것인가, 잡담 소재가 많을수록 대화도 원활하게 진행되고 사람에게 빨리 익숙해진다. 사소한 잡담거리를 준비해두면 의외로 큰 효과를 발휘한다.

이와 마찬가지로, 우리도 평소부터 30초 정도에 말할 수 있는 사소한 잡담 소재를 다양하게 준비해둬야 한다. 누구라도 활용할 수 있는 '어떤 화제'(30초 정도에 끝낼 수 있는 화제)를 준비해두면 언제 어디서 누구와 갑작스레 마주쳐도 무난하게 넘어갈 수 있다.

내가 '30초의 난도질이랄까, 30초의 순간 잡담 대결' 같은 것을 수업에 도입하고 있는 이유는, 만나서 이야기하고 기분 좋게 헤어지는 잡담이라면 훈련으로 얼마든지 능숙해질 수 있기 때문이다.

그럼에도 불구하고 스피치나 화법과는 달리, 이런 잡담력을 양성하는 트레이닝은 별로 갖춰져 있지 않다.

커뮤니케이션 능력으로서의 잡담력은 앞으로 우리에게 꼭 필요한 스킬이 될 것이다. 그렇기에 잡담 전문 트레이닝은 정말 필요하다.

자존심은 잠시
내려놓아도 괜찮다

    어느 날 잡담이라면 고개를 절레절레 흔드는 사람에게 그 이유를 물었더니, "말솜씨가 없어 창피하다"는 대답이 돌아왔다.

    그가 대화를 거절할 의도는 추호도 없다. 사람들과 함께 어울려 하고 싶은 이야기, 느끼고 싶은 것도 많다. 하지만 결국 아무 말도 하지 못하고 끝나버리고 만다.

    이 얼마나 안타까운 일인가.

    잡담은 그곳의 분위기를 부드럽게 만드는 '의미 없는 이야기'

다. 업무와 연관된 회의나 토론에서 발언하는 것이 아니다.

"그때 그런 말을 했었잖아요" 하고 언질을 받을 일도, 책임을 질 일도 없으며, 녹취록이나 발언록을 만들지도 않는다.

죄가 되거나 남에게 상처 주는 일이 아니라면, 느낀 것, 생각한 것을 더 솔직하게 말해도 좋다. '말을 잘해야 한다'는 부담감은 떨쳐버리자.

슛도, 홈런도 아닌
작은 패스면 충분하다

────

말솜씨가 없어 창피하다는 것은 '말을 하고 있는 내가 상대에게 어떻게 비칠까?'라는 자의식의 뒷면이라고 할 수 있다.

'내가 괜히 이야기를 꺼내 분위기가 깨지면 어떡하지?'

'긴장해서 더듬거리면 체면이 깎이는데…….'

잡담에 서툰 것을 인정하는 사람에게 이처럼 지나치게 강한 자의식이나 자존심은 큰 장벽이 된다.

'창피해서 말을 못하겠다'는 것은 결국 자의식이 너무 강한 결과로 생겨난 사고다. 거기에는 상대를 배려하는 마음이 빠져 있다.

대화는 혼자서는 불가능하다. 상대가 있어야만 성립된다. 잡담을 걸어오는 상대는 어떠한 반응이나 응답을 바란다.

그것이 화술 전문 강사처럼 화려한 말일 필요는 없다. 주위 사람이 다 배꼽을 잡고 웃음을 터뜨리는 재미난 이야기도, 촌철살인과 같은 코멘트도 필요 없다. 슛도, 스매시도, 홈런도 아닌 작은 패스면 된다.

상대는 응답을 받는 것으로 소소한 커뮤니케이션을 나누고 싶어 한다. 당신과의 사이에 놓인 장벽을 제거하여 분위기를 부드럽게 만들려는 것뿐이다.

어차피 의미 없는 잡담이다. 우선 의식적으로 자의식의 장벽을 낮추자. 그리고 자신의 생각을 남김없이 입 밖에 내면 된다.

"아, 그래요. 전 몰랐던 얘긴데요!"

이 정도 반응을 보이는 것만으로도 당신의 생각은 상대에게 충분히 전해진다.

18

일상생활의 사건사고는
절호의 잡담 기회다

금연 열풍이 거세지고 있는 요즘, 흡연자의 처지는 그야말로 처량하기 짝이 없다. 나는 담배를 피우지 않지만, 애연가들은 "담배를 피우는 것만으로 범법자 취급을 받는 것 같다"며 탄식을 쏟아낸다.

이런 '불우한' 처지에 놓인 애연가이면서 잡담은 질색이라는 사람에게, 곳곳에 있는 흡연 공간은 생각하기에 따라 아주 이상적인 잡담 공간이 된다. 이를테면 '피난 온 동지끼리 서로 의지하는 곳'이랄까.

'왠지 주눅이 든다', '주위의 시선이 따갑다'라는 서로의 탄식, 푸념, 넋두리가 잡담의 계기가 된다.

내가 좋아하는 만화 중에 다케토미 겐지의 《스즈키 선생》이라는 작품이 있는데, 거기에도 이런 장면이 등장한다.

주인공인 스즈키 선생이 근무하는 중학교에는 교원용 흡연실이 있는데, 그곳에서 담배를 피우는 선생끼리 학교 문제에 관해 이런저런 이야기를 나누는 장면이 있다.

같은 설움을 겪는 동료들이 연기가 자욱한 공간에 모이면, 고민도 털어놓고 다양한 잡담도 나눌 수 있다.

좁은 공간에 틀어박혀 담배만 뻑뻑 피워대고 있는 모습은 가엾지만, 그 공간에는 그 공간에서만 가능한 잡담이 성립되는 것이다. 다수파에 밀린 소수파끼리는 쉽게 마음을 털어놓을 수 있다.

많은 사람 속에서 혼자 담배를 피우는 것이라면 굉장한 소외감이나 죄책감이 들겠지만, 여기에 담배 피우는 사람이 한 사람만 늘어도 그 스트레스는 단번에 줄어든다.

처음 만난 사이라도 분명 공감할 수 있는 적확한 화제가 있다. 다수파 속의 소수파, 사실 이보다 더 잡담에 적합한 상황은 없을 것이다.

사소한 동지의식 속에서
잡담은 피어난다

———

동지의식이라는 의미에서 본다면, 같은 사건사고에 말려든 경우에도 쉽게 잡담이 성립되는 편이다.

출근길에 전철이 고장 나서 엄청 지각을 하게 생겼다고 하자.

'어떡하지, 회사에 늦겠는 걸' 하고 생각한 순간, 그곳은 누군가와 잡담을 나누기 쉬운 공간으로 변신한다. 무심코 똑같이 곤혹스러워하고 있는 옆 사람과 다음의 대화를 나누게 된다.

"이거 큰일인데요."

"그러게요. 요즘 들어 특히 전철 고장이 잦네요."

"대체 언제까지 멈춰 있을지."

"하필이면 이런 러시아워에 말이죠."

처음 보는 사람과 이와 같은 대화를 나눴던 경험이 있는 사람이 적지 않을 것이다.

잡담을 나눴다고 하여 그 사람과 인맥이 생길 리도 없다. 그냥 어쩌다가 그곳에 함께 있었던, 같은 상황에 놓였던 사람끼리, 그 장소에 한해서만 나눴던 잡담일 뿐이다.

하지만 잡담을 나누고 곤혹스러운 감정을 함께 공유한 것만으로 사람은 한결 기분이 상쾌해진다. 이렇듯 분위기가 화기애애해지는 순간을, 누구나 한 번쯤 경험한 적이 있을 것이다.

악천후로 비행기가 결항되었을 때의 공항 로비나 운행에 차질이 생긴 열차 등과 같이 언제 움직이게 될지 모르는 '갇혀진 상태'에서 함께한 동지는 잡담이라도 하지 않으면 지루해서 견디기 힘들다.

함께 겪은 사건사고는 잡담의 분위기를 무르익게 한다. 전우와도 같은 동지의식이 생기고 더 이상은 없을 법한 공통의 화제가 있기 때문이다.

그렇다면 일상생활 속에서 이런 사건사고들을 잡담의 기회로 포착하여 이웃들에게 말을 걸어보는 건 어떨까.

당신의 잡담력도 연마되고 또한 상대와의 거리도 훨씬 좁힐 수 있다. 다시없는 기회다. 긴장했던 사람의 표정이 스르르 풀릴 것이다. 이것도 잡담의 중요한 역할이다.

일상생활 속의 사건사고는 잡담의 기회

— 흡연실이나 베란다에서 —

왠지 주눅이 들어요

주위 시선이 어찌나 따가운지

피난 온 동지

— 지연되는 전철에서 —

이거 큰일인데요

요즘 들어 특히 전철 고장이 잦네요

같은 사건사고에
말려든 동지

CHECK

다수파에 밀린 소수파 동지는 마음을 터놓기 쉽다

19

험담은 우스갯소리로
슬쩍 바꾼다

예나 지금이나 변하지 않는 최고의 잡담거리는 남의 험담이다. 그곳에 없는 누군가를 공통의 표적으로 삼아 험담을 늘어놓으면 잡담은 쉽게 무르익게 마련이다.

그러나 상대와의 어색함을 없애고 분위기를 화기애애하게 만들기 위한 잡담의 화제가 남의 험담이나 결점 찾기라면 정말 슬픈 일이다.

남의 험담으로 분위기가 한껏 무르익는다 하더라도 뒷맛은 절대 개운하지 않다. 아무리 화제가 궁할지라도 남의 험담이나 뒷담화 등을 꺼내는 일은 삼가야 한다.

잡담은 맺고 끊는 법이 중요하다고 했지만, 그와 마찬가지로 '뒷맛'도 중요하다. 개운하고 기분 좋게 끝내야 한다.

하지만 말이 쉽지 좀처럼 뜻대로 되지 않는 게 현실이다.

모두가 공통으로 알고 있는 '마땅찮은 사람'이 있다면, 자신은 입에 올리지 않아도 누군가 그 사람을 화제로 올릴 수 있다.

그런 상황에서 "남의 험담은 그만하자", "뒷담화는 좋지 않다"라고 말할 수 있는 분위기라면 전혀 고민할 일은 없다. 하지만 그런 결론이나 정론으로는 자칫하다간 이야기의 흐름이 끊겨버리기 십상이다.

그렇다면 어떻게 해야 할까?

의도치 않게 잡담이 누군가의 험담이나 뒷담화로 흘렀다면, 그 화제나 에피소드 자체를 재미있게 바꿔버리면 된다.

당신의 직장에 회사 사람 누구나가 인정하는 요주의 상사가 있다고 하자. 어느 날 퇴근길에 회사 근처 술집에서 동료들과 담소를 나누는데, 그 상사의 험담이 화제로 올랐다. 그럴 땐 그 화제를 우스갯소리로 흘려 넘기는 것이다.

그 상사가 뭔가 무책임하고 불합리한 일을 저질렀더라도 다음과 같이 말하면 안 된다.

"그 사람, 정말 답이 안 나와."

"엄청 열 받게 한다니까."

이처럼 화를 내기보다는 돌려 말하라.

"역시, 오늘도 우리의 부장님은 빠지지 않고 등장하셨네."

"우리 부서 역사에 전설로 남을 인물이셔."

이렇게 우스갯소리 삼아 웃을 수 있게끔 가능한 한 돌려 말하는 것이 좋다.

잡담일지라도
기분 좋게 끝내야 한다

험담을 늘어놓고 부정적인 분위기에 휩싸이느니, 화는 나더라도 그런 상황을 우스갯소리로 돌려 분위기를 띄우는 플러스 알파의 잡담 쪽이 당연히 정신 건강상으로도 훨씬 낫다.

그렇게 웃다 보면 화도 사그라지고 마음도 따뜻해진다. 이거야말로 분위기를 온화하게 만드는 잡담 본래의 모습이다.

그래도 "역시 잡담의 묘미는 뒷담화다", "남의 험담은 짜릿하다"라고 한다면, 그 대상을 가까운 사람이 아닌 유명인 중에서 찾는 것도 한 방법이다. 이를테면 연예인을 화제의 중심에 놓고 '험담하고 싶은 스트레스'를 해소한다.

나는 그것 또한 연예인이나 유명인의 운명이라고 생각한다. 그리고 텔레비전 토크쇼나 연예잡지의 가십 기사도 그 때문에 존재한다고 생각한다.

주위 사람보다는 연예인끼리의 불륜이나 연애 가십, 폭언, 실언, 고백 등을 잡담거리로 삼아 말하라.

"어떻게 그런 일이 있을 수 있지?"

"역시 ○○○는 남자 보는 눈이 없어."

"대놓고 그런 말을 하다니, 역시 아마추어야."

이렇게 맘껏 험담을 하면 된다. 가까운 사람 대신 연예인 험담을 하는 것이다. 비유를 하자면 사람을 때리는 대신 맞는 샌드백 같다고 할까. 해당 연예인에게는 대단히 마음 아픈 이야기지만 그것도 인기인의 숙명이다.

"개그맨 ○○○가……", "탤런트 ○○○가……"라고 말하는 정도로는 죄가 안 된다. 하지만 가까운 사람이 대상이 되면 그것은 험담이나 뒷담화가 된다.

살다 보면 험담이나 뒷담화를 하지 않고 넘어갈 수는 없다. 재미있게 웃어넘길 만한 화제로 긍정적인 분위기를 조성할 수 있는 잡담이 되도록 하자.

험담은 우스갯소리나 연예인 가십거리로 슬쩍 바꾼다

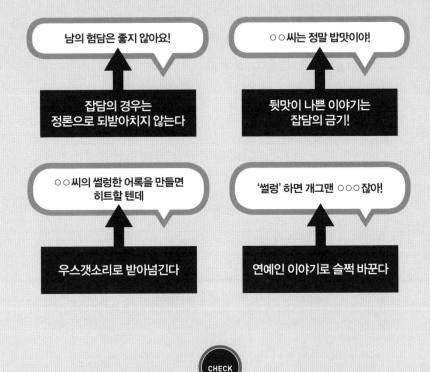

남의 험담은 좋지 않아요!

○○씨는 정말 밥맛이야!

잡담의 경우는
정론으로 되받아치지 않는다

뒷맛이 나쁜 이야기는
잡담의 금기!

○○씨의 썰렁한 어록을 만들면
히트할 텐데

'썰렁' 하면 개그맨 ○○○잖아!

우스갯소리로 받아넘긴다

연예인 이야기로 슬쩍 바꾼다

CHECK

'험담하고 싶은 스트레스'는 연예인이나
유명인 이야기로 차라리 돌려서 이야기하자

P·A·R·T

3

바로 써먹을 수 있는
잡담 단련법

S M A L L   T A L K

상대와의
구체적인 공통점을
한 가지 찾는다

내가 개를 키운다는 사실을 알고 있는 한 학생이 수업이 끝난 다음, "교수님도 개를 키우시죠? 저도 교수님과 같은 파피용을 키우고 있어요"하고 말을 걸어온 적이 있다.

나도 개를 무척 좋아해서 "그래, 파피용 정말 귀엽지? 자네 개 이름은 뭔가?"와 같은 식의 대화를 주고받았다.

이 정도 말만 주고받아도 그 학생은 쉽게 기억에 남는다. '아, 파피용 키우는 학생!' 하는 식으로 기억된다.

자신과 상대 모두에게 공통된 화제는 기억에 남기 쉽다. 상대가 흥미 있어 하는 화제에 "나도 그래요" 하면서 대화를 끌어가면 상대도 반응을 보이게 마련이다. 공통의 화제인 만큼 분위기도 무르익는다.

그 화제의 대상은 구체적일수록 좋다.

학생과의 대화에서도 단순히 "개를 좋아한다"가 아니라, "파피용을 좋아한다"라는 좀 더 구체적인 대상이 있었기에 내 기억에 더 선명하게 남았던 것이다.

사람은 누구나 대화를 나누는 중에 자신이 좋아하는 것이 화제로 나오면 흥이 절로 나고 수다스러워지는 경향이 있다. 대체로 '이 사람과 마주하면 반드시 ○○○ 이야기가 나온다' 하는 경우가 많다.

물론 반대로, 상대가 자신이 흥미 있는 화제를 먼저 꺼내줘서 기분 좋게 이야기하게 되는 경우도 있다.

우연히 만나 공통의 화제와 접점이 되는 화제가 있다면 몇 분씩 이야기를 나누고 또 헤어진다.

잡담은 일기일회(一期一會, 평생에 단 한 번의 만남), 아니 일점일회(一點一會)와도 같다.

그 일점일회가 여러 번 반복되다 보면 '이 사람과는 이 이야기'라는 게 생긴다. 자신도 상대도 더 이상 '어떤 이야기를 하면 좋을까?' 하는 스트레스를 받지 않게 된다. 그로 인해 서로의 인간관계는 더욱 돈독해진다.

어떤 상대를 만나더라도 우선은 구체적인 공통점을 한 가지만 찾아보도록 하자.

21

'편애 지도'로
맞춤 소재를 제공한다

그 사람과의 잡담에서는 백발백중으로 분위기를 고조시키는 화젯거리가 있다. 이른바 상대 전용의 '맞춤 소재'다.

앞서, 생판 남과의 잡담도 예를 들었지만 대부분은 얼굴을 마주할 기회가 많은 사람이나 만난 적이 있는 사람, 얼굴 정도만 익힌 사람과 잡담하는 경우가 압도적으로 많다.

따라서 상대의 흥밋거리나 좋아하는 것을 의식적으로 기억해 두면 후에 잡담을 할 때 큰 도움이 된다.

상대의 관심거리를 모조리 알아내어 꼼꼼하게 메모해둘 것까지는 없다. '이 사람에게는 이것이 안성맞춤'이라는 확실한 한 가지만 있으면 충분하므로, 그 한 가지만을 머릿속에 기억해두도록 한다.

'이 이야기부터 들어가면 일단 성공이다', '이 사람과는 반드시 이 이야기를 하게 될 거다'라는 그 사람만의 '취향 지도'를 갖자는 말이다.

나는 이것을 '편애 지도'라고 부른다.

상대에게 맞는 잡담,
한 가지는 기억하자

일상생활에서 만난 상대의 흥미나 관심사를 파악해두고 나만의 '편애 지도'에 기입해두는 것이다. 예를 들어 A씨라면 골프, 미식가 B씨라면 맛집, 최근에 아빠가 된 C씨라면 육아, 이런 식으로 메모해놓는다.

A씨와 마주쳤을 때는 머릿속에 저장된 A씨의 편애 지도(그래, 골프였지!)를 곧바로 떠올린다.

"이번에 우승한 ○○○ 선수, 정말 멋지지 않아요?"

"최연소 상금왕이라죠. 우리 애도 골프를 시킬 걸 그랬나 봅니다."

"우리 애는 운동에는 영 소질이 없어서……."

"○○○ 선수는 타고난 것 같아요."

이렇게 상대가 흥미를 보이는 화제를 제공해간다.

좋아하는 것을 한 가지 찾았다면, 거기에서 선을 그어가듯 '이걸 좋아하면 저것도 좋아하겠지!', '여기에 흥미가 있으니까 아마 그것도 알고 있을 거야!'와 같은 느낌으로 <u>편애 지도를 갱신하고 가지를 뻗어간다</u>.

만약 상대의 편애 지도 안에 자신이 좋아하는 것도 포함되어 있다면 이제 게임은 끝났다. 대화의 분위기를 띄울 수 있는 최강의 접점을 발견한 것이나 다름없다.

그 접점을 찾았다면 그 사람과의 인간관계는 거의 무리가 없다고 봐도 좋다.

상대의 '맞춤 소재'를 찾는 편애 지도

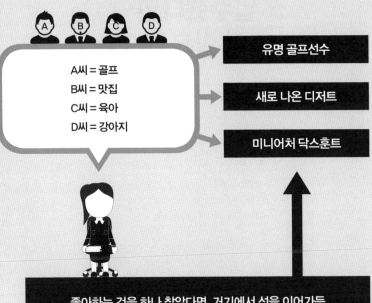

A씨 = 골프
B씨 = 맛집
C씨 = 육아
D씨 = 강아지

유명 골프선수

새로 나온 디저트

미니어처 닥스훈트

좋아하는 것을 하나 찾았다면, 거기에서 선을 이어가듯
'이걸 좋아하면 저것도 좋아하겠지!',
'여기에 흥미가 있으니까 아마 그것도 알고 있을 거야!'
하는 식으로 넓혀 간다.

CHECK

상대와의 최강의 접점을 찾는 편애 지도를 적어보자!

지금 핫한 화제를
입수했다면
바로 활용한다

시사 문제나 최근 뉴스로 거론되고 있는 사회적 이슈도 많은 사람이 공통으로 알고 있는 화제의 보고다.

시사에 관한 이야깃거리는 언제 어디서나 활용할 수 있는 아주 유용한 소재다. 매일 뉴스와 신문을 훑어보는 것도 잡담 소재를 얻는 데 있어 빼놓을 수 없는 일이다.

이때 입수한 소재는 바로 활용하는 것이 중요하다.

오늘밤 뉴스에서 본 것은 다음 날이나 그 다음 날 정도에 잡담 소재로 활용한다. 오늘 아침에 신문에서 본 화제를 그날의 잡담으로 흘려보낸다. 잡담에서 시사 소재는 그런 사고방식으로 다뤄야 한다.

어느 날 "신종 인플루엔자가 발생했다"는 뉴스가 나와도, 며칠 후에는 상황이 완전히 달라진다.

"얼마 전에 ○○에서 감염자가 발견되었다"는 뉴스도, 며칠 후에는 "잘못 알고 계신 것 같은데요"가 된다.

"이치로 선수가 미일 통상 3,000개의 안타를 쳤다"는 뉴스도, 며칠 후에는 "이번엔 메이저리그 9년 통상 200개 안타의 신기록을 세웠다"가 된다. 2주 전 혹은 한 달 전 뉴스를 지금 언급해봤자 당시의 상황 그대로일 리는 없다.

잡담으로 분위기를 띄우려면 정보는 당연히 새로울수록 좋다. 그러기 위해서는 뉴스나 신문 등을 부지런히 체크하여 그때 그때 핫한 정보들을 수집해둬야 한다.

그렇다고 항상 남보다 한 발 앞서 새로운 정보를 수집해두라는 말은 아니다.

"지난번 ○○뉴스는 지금은 이렇게 된 것 같아요."

"아, 그래요? 몰랐어요."

"맞다 맞아. 저도 어젯밤 뉴스에서 봤어요."

"저도 방금 전에 휴대전화 뉴스로 봤어요."

한창 핫한 정보를 입수한 것만으로도 잡담에 활기가 생긴다. 상대가 그 정보를 이미 알고 있었더라도, 혹은 전혀 모르고 있었더라도, 정보 제공만으로 분위기를 고조시키는 계기가 된다는 점이 중요하다.

"오늘은 맨유가 이겼다"는 뉴스는 시합 직후에는 사용할 수 있는 소재지만, 다음 날이 되면 맨유 팬 이외에는 관심 밖으로 사라진다.

정보나 뉴스는 '살아 있는 것'이다. 게다가 발 빠르다. 생선회와 마찬가지로 잡담거리도 신선해야 분위기를 띄울 수 있다.

일상의 궁금증은
훌륭한 잡담 소재다

"컴퓨터 상태가 좋지 않은데, 원인을 모르겠어요."

"인터넷 쇼핑 주문은 어떻게 하는 건가요?"

"DVD와 플레이디스크 둘 중 어느 게 낫나요?"

매일 생활 속에서 생기는 궁금증이나 사소한 의문 같은 것들도 좋은 잡담 소재가 된다. 의문을 해결하는 것만이 목적이라면, 그것은 상담이라는 '의미 있는 이야기'가 되어 잡담의 정의로부터 벗어나버린다.

그러나 잡담을 시작하는 계기나 화제 제공에 활용한다면, 상담에 국한되지 않고 아주 편리하고 활용하기 좋은 소재가 되어 준다.

예를 들어, "인터넷으로 영화를 다운 받으려면 어떻게 해야 하나요?" 하는 상담을 했다고 하자.

만약, 상대가 그 방법을 알고 있다면 거기에서 잡담이 시작된다. 물론 처음엔 다운 받는 방법을 설명하겠지만 그것을 계기로 자연스럽게 다음 질문으로 넘어간다.

"어떤 영화를 좋아하세요?"

"요즘엔 뭐든 인터넷으로 해결할 수 있어 편리해요."

"이젠 거리에도 DVD 대여점이 거의 보이지 않더라고요."

이처럼 대화의 폭을 넓혀갈 수 있다.

이런 대화 역시 맨 처음 상담으로 시작된 소재에서 다른 소재를 파생시킨 것으로, 잡담을 전개해가는 방법 중의 하나라고 할 수 있다.

요즘 우리는 컴퓨터에 인터넷, 디지털 카메라, 휴대전화, 블루레이디스크 등의 다양한 AV기기에 둘러싸여 있다. 기기의 고성능화, 고기능화는 눈부시지만, 그 사용법을 완전히 꿰뚫고 있는 사람은 거의 없다. 누구나 많든 적든 사용법을 모르거나 작동이 제대로 되지 않아 난감했던 경험을 갖고 있다.

모두가 똑같이 난감했던 경험이 있고 모두가 공통된 관심사를 갖고 있다. 따라서 이런한 일상의 궁금증은 훌륭한 잡담 소재가 된다.

아기, 강아지, 아줌마를 상대하라

숫기도 없고 말솜씨도 없어서 다른 사람과 이야기하는 걸 너무 힘들어하는 사람이 의외로 많다. 그런 사람으로부터 "어디서 잡담력을 닦아야 할지 모르겠다"는 상담을 받은 적이 있다.

그럴 때 권하는 것이 아기, 강아지, 아줌마와의 잡담이다.

먼저 아줌마와 연습할 것을 권한다.

'프로 잡담가' 하면 역시 아줌마다. 대학생이라면 어머니 세대인 40~60대 여성과 잡담을 나누며 연습하는 것이 부담스럽지 않고 좋다.

일전에 1,000여 명 정도의 청중 앞에서 강연회를 했을 때의 일이다.

"이 책 읽은 적이 있는 분?" 하고 말을 끝내기가 무섭게, 맨 앞줄의 50대 여성이 막 말을 끝내고 단상에 서 있는 나의 발을 두드리며 "선생님. 저요, 저요!" 하는 게 아닌가.

1,000여 명의 청중 가운데 1대 1의 상황이 된 것이다. 무심코 나도 "아. 네!" 하고 대답해버렸을 정도다. 이 50대 여성의 과감함을 생각하면, 자신이 먼저 다양한 화제를 제공하겠다는 생각은 잠시 접어두고 아줌마에게 한 수 배운다는 기분으로 말을 걸어도 무방하다.

조금 과장해서 말하면 20대 여성은 성희롱이라고 화를 낼 법한 화제도 아줌마는 우스갯소리로 넘겨준다. 그러니 크게 부담스러워할 일도, 두려워할 일도 없다.

아줌마뿐만 아니라 포장마차나 빵집, 분식집 등 일상생활 속에서 항상 잡담을 하게 되는 사람이 자신의 행동반경에 여럿 있으면 좋다. 장사를 하는 사람 중에는 남녀 상관없이 잡담에 능한 사람이 많으므로 저절로 단련이 된다.

그 다음으로 권하는 것이 <u>아기를 안고 있는 아기 엄마다.</u>

버스나 전철 안에서는 아기가 칭얼대는 상황이 종종 일어난다. 아기 엄마가 "미안합니다"라고 말할 때, 내 경우에는 반드시 아기 엄마와의 잡담에 들어간다. 아기와 말하듯 "그래, 아가. 힘들구나. 덥지?"와 같은 식으로 먼저 말을 건넨다.

이 한 마디에, 아기가 내심 걱정되었던 차안의 다른 사람들도 안심을 하고 단번에 분위기는 화기애애해진다.

또한 버스나 전철은 도중에 내리는 것을 전제로 하므로, 잡담을 하기에는 안성맞춤의 공간이다.

마지막으로 <u>개와 산책하는 사람이다.</u> 개를 키우지 않는 사람이라도 개를 산책시키고 있는 사람에게 "아유, 귀여워라. 몇 살이에요?" 정도의 말은 쉽게 건넬 수 있다. 생판 모르는 사람에게 말을 걸어도 위화감이 없다는 점에서, 개를 산책시키는 사람은 그럴듯한 잡담 연습 상대라고 할 수 있다.

25

분위기를 살리는
커뮤니케이션 도구를 찾아라

나의 동료 교수 중 한 사람은 인형 뽑기 게임 마니아다. 게임 센터에서 인형을 많이 뽑는 것이 삶의 낙이라고 할 정도다.

최근에는 '리락쿠마'라는 곰 캐릭터에 빠져 학교에서 만나기만 하면 다음과 같이 말한다.

"사이토 선생. 리락쿠마 알아요?"

"아니요. 모릅니다."

"말도 안 돼. 리락쿠마도 모르다니!"

이런 대화를 나누며 뽑기로 받은 인형이나 휴대전화 장식품을 주기도 한다. 다른 사람에게도 마찬가지로 경품을 나눠주고 캐릭터 이야기로 분위기를 띄운다.

"그 게임 말이죠. 요즘엔 어떤 경품이 들어 있나요?"

"의외로 대박인 게 많아요. 이건 그동안의 전리품들인데 가지세요."

"아니, 이렇게나 많이요. 고맙습니다."

"저야 또 뽑으면 되죠."

리락쿠마 인형을 사이에 두고 이런 식의 이야기를 부담 없이 주고받는다.

그 교수는 자각하고 있는지 어떤지 모르겠지만, 그에게 있어 리락쿠마 인형은 하나의 개성적인 커뮤니케이션 도구가 되고 있다.

그 도구를 계기로 그와의 잡담은 인형 뽑기나 리락쿠마 같은 상대가 생각지도 못했던 화제로 전개되어 간다.

따라서 어떤 이야기를 해야 할지 모르겠다, 이야기에 자신이 없다는 사람은 뭔가 자기 나름의 커뮤니케이션 도구를 준비해 두는 것도 하나의 방법이다.

휴대전화에 독특하고 재미있는 디자인의 장식을 달거나 대기화면에 공을 들여도 좋다.

"이거, 재미있죠?"

"이거, 본 적 있으세요?"

대화의 계기가 되는 것이라면 뭐든 상관없다. 신기하고 재미난 것을 찾아 커뮤니케이션의 도구로 활용하면 된다.

그리고 상대가 갖고 있는 독특한 물건, 재미난 물건에는 먼저 반응을 보여준다.

"그거 뭐예요? 특이하게 생겼다!"

"아, 이거요. 실은……."

이렇게 상대 위주의 화제로 잡담을 확대시켜 간다.

대화의 계기를 제공하기 위한 자신만의 커뮤니케이션 도구를 갖자. 웬만한 잡담은 끄떡없게 만드는 이런 커뮤니케이션 도구는 잡담이 서툰 사람에게 든든한 무기가 된다.

캐릭터 인형이든 사탕이든
뭐라도 좋다

―――――

가벼운 잡담 아이템, 커뮤니케이션 도구로써 주로 내가 권하는 것은 폴로 같은 민트 맛 캔디나 과일 맛 청량캔디다.

나 역시 민트 맛 캔디를 자주 가지고 다닌다. 누군가와 함께 있을 때 하나씩 꺼내 먹으면 의외로 반응이 좋다.

이것은 기회다.

"괜찮으시면 하나 드시겠어요?"라고 말하면서 하나씩 꺼내 상대의 손에 올려준다.

"실은 점심에 만두를 먹어서 냄새를 없애려고."

"아, 저한테도 있어요. 전 딸기 맛이지만."

"과음한 다음 날 아침 통근열차에서도 빠트릴 수 없죠."

함께 캔디를 먹고 대화를 나누면서 잡담이 무르익는 경우가 흔히 있다.

내 경험상 캔디를 줬을 때 거절하는 사람은 거의 없었다. 설령 거절당해도 또 거기에서 다른 이야기가 생겨나게 마련이다.

"민트 맛을 안 좋아하시나 봐요."

"전 달달한 걸 좋아해요. 딸기 맛 같은."

커뮤니케이션 도구로써 이런 캔디의 장점은 30초 정도면 녹아 없어진다는 것이다. 캔디를 녹여 먹으며 잠깐 이야기하고 입속에서 다 녹을 즈음이면, "그럼 다음에 또", "잘 먹었습니다" 하면 된다.

알사탕처럼 좀처럼 녹지 않는 캔디라면 이렇게 할 수 없다. 그런 점에서 청량캔디는 대화의 계기도 만들어주면서 또 끝맺을 타이밍을 계산하기도 쉽다. 자투리 시간을 메우기에 꽤 괜찮은 도구이다.

자기만의 커뮤니케이션 도구를 갖는다

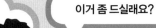
이거 좀 드실래요?

갑자기 말을 걸려니
쑥스러워서……

거절당해도 '민트 맛을 안 좋아하시나 봐요?' 하고
대화를 이어갈 수 있다

CHECK

아주 짧은 자투리 시간의 잡담 도구로는 캔디가 좋다

26

친구의 친구
이야기도 좋다

학교에서 동료 교수들과 잡담을 하다 보면 가끔 자신들에 대한 학생들의 평판이 화제로 오르곤 한다. 2장에서 말했듯이, 칭찬은 잡담의 최고 테크닉이므로 이 경우에도 물론 '좋은 평판'을 전하려 한다.

그러나 같은 교수끼리 그저 단순하게, "선생님 수업은 정말 재미있어요"라고 직접 칭찬을 쏟아 붓는 것은 어색하고 성의 없는 인사말밖에 되지 않는다. 서툴게 말했다간 불쾌감을 줄 수도 있어 분위기가 온화해지기는커녕 썰렁해지기 십상이다.

그럴 땐 "제 수업을 듣는 학생이 '○○○ 교수님 수업은 정말 재미있다'고 그러던데요."

이렇게 간접적으로 칭찬하는 것이 더 적절하다.

긍정적인 화제의 경우, "누가 이렇게 말하더라"고 전하면 신빙성이 높아진다. 직접적으로 칭찬받았을 때의 부자연스러운 느낌이랄까, 인사치레 같은 요소가 줄어든다.

물론 거짓말을 할 필요는 없다. 상대에 대한 긍정적인 정보가 있다면, 그 말을 전해 들었다는 식으로 제공하는 것이 효과적이다. 긍정적이고 득이 되는 방향의 전문(傳聞) 정보를 수집하는 것도 잡담 소재를 입수하는 방법 중 하나다.

전문 정보라는 의미에서 한 가지 더 말하자면, 잡담에 능한 사람은 '빌려온 이야깃거리인 전언(傳言)'에 능하다. 그들은 '남에게 들은 이야기'를 자신의 잡담 소재로 잘 활용한다.

남에게 들은 이야기도
잡담 소재로 훌륭하다

———

잡담 소재는 자신의 생활권만으로는 쉽게 찾아지지 않는다. 하지만 거기에 '내가 아닌 누군가 체험한 이야기'를 끌어들이면 몇 배로 부풀려진다.

나는 한 정보 프로그램에 영화감독 겸 배우인 기타노 다케시 씨와 함께 출연하고 있다. 다케시 씨는 카메라가 돌지 않을 때도 언제나 유쾌하고 재미있는 사람이다. 아니, 스튜디오 밖에 있을 때가 훨씬 재미있다. 카메라 앞에서나 뒤에서나 항상 주위를 즐겁게 해주는 그 서비스 정신은 한 마디로 최고다.

그는 스튜디오에 들어가면 방송 시작 10초 전까지 쉬지 않고 잡담을 한다. 텔레비전에서는 방송할 수 없을 법한 아슬아슬한 수위의 웃음이 빵빵 터지는 이야기뿐이다. 그래서 스태프에서 출연자까지 모두 신나게 웃으며 분위기가 무르익은 그대로 본 방송에 들어가게 된다.

다케시 씨의 대단한 점은 그럴 때 화제가 끊이지 않는다는 것이다. 그야말로 마르지 않는 우물과도 같다. 그래서 '어쩜 저렇게 다양한 화제를 제공할 수 있을까?' 하고 곰곰이 생각해봤다. 그러자 어느 정도 감이 잡혔다.

다케시 씨의 이야기에는 "있잖아요. 얼마 전에 들은 얘긴데……", "이거 ○○○한테 들은 얘긴데……"와 같은 문구가 자주 등장했다.

그 말은 자신이 겪은 일이 아니라는 것이다. 이전에 누군가로부터 들었던 에피소드를 가져와 기억해뒀다가 그 에피소드를 다른 잡담에서 이야기한다. 잡담 소재를 전언 게임을 하듯 전하고 있는 것이다.

다케시 씨는 이런 전언에 천재적으로 뛰어난 사람이다. 연예인이라는 직업 때문이기도 하겠지만, 자신에 관한 것은 물론이고 그 이상으로 남에게 들은 이야기를 저장해둔 것도 어마어마하게 많다.

그 내용도 풍부하고 다양하게 다방면에 걸쳐져 있다. 저장해둔 것이 많아서 어느 누구와 어떤 이야기를 하더라도 반드시 그것과 얽힌 잡담이 가능하다.

게다가 그에게는 '남에게 들은 이야기', '떠도는 소문'에 양념을 더하여 한층 재미있게 전하는 능력이 있다. 원래의 에피소드가 '다케시의 이야기'가 되면 훨씬 재미있고 흥미로워져 잡담이 무르익어 간다.

다케시 씨뿐만 아니라 잡담에 뛰어난 사람은 '소재 창고'를 별도로 갖고 있다. 거기에는 속속 새로운 소재가 들어오고, 입수하고서 몇 년씩 묵힌 소재도 있다. 그것을 상황에 맞게 다시 활용하는 것이다. 물론 우리가 다케시 씨와 똑같이 이야기하는 것은 애초에 무리다.

그러나 누군가와 잡담을 할 때 상대로부터 재미있는 에피소드가 나왔다면, 그 '남에게 들은 이야기'를 자신의 잡담 소재로 저장해뒀다가 다음에 다시 활용하는 방법을 적극 추천하고 싶다.

저장해둔 잡담 소재는 자꾸자꾸 활용해야 한다. 상대가 다르면 같은 이야기를 몇 번씩 해도 문제될 게 전혀 없다. 누구에게 어떤 이야기를 했는지만 잘 기억하고 있으면 이야기가 겹쳐질 일도 없다.

잡담이 늘지 않는다면
택시를 타라

　일에 지쳤을 때, 누군가에게 싫은 소리를 들었을 때, 이럴 땐 택시가 최고다.

　"운전하다 보면 스트레스 많이 받으시죠?" 혹은 "손님 중엔 별의별 손님이 다 있죠?" 하는 식으로 자신의 스트레스를 살짝 풀면서 택시기사에게 말을 걸어보는 것이다.

　"당연하죠"라는 대답이 돌아올 게 거의 확실하므로, 택시기사는 그대로 말상대가 되어준다.

택시기사가 백밀러를 통해 등 너머 손님을 볼 수 있다는 점도 매력적이다. 마주보고 있지 않기 때문에 부담 없이 말을 걸거나 푸념을 할 수도 있다.

택시기사가 경기가 나쁘다는 말을 걸어오면 "그러게 말입니다" 하고 자연스레 대화를 이어간다.

"대도시 길은 익히기가 힘들죠?"

이처럼 가장 쉽게는 서로의 출신지 이야기로 잡담을 시작하여 꽃을 피우기도 한다.

어느 날은 목적지를 말하고 깜빡 잠들었다가 눈을 떠보니, 택시기사가 이름만 같은 전혀 엉뚱한 동네로 향하고 있었다.

이런 종류의 재미있는 에피소드는 택시에서 빈번하게 일어나는 일이다.

택시는 잡담의
연습장과 같다

─────

잡담의 연습장임과 동시에 잡담 소재의 보고이기도 한 택시를 잘 활용하면 잡담에 대한 두려움을 떨쳐낼 수 있다.

택시기사의 에피소드를 다른 사람에게 이야기해도 재미있다.

앞서 소개한 '남에게 들은 이야기'처럼 자신의 잡담 소재로 저장해두고 그때그때 활용할 수도 있다.

택시에 탔을 때는 적극적으로 기사에게 말을 걸면서 다양한 잡담 소재를 끌어내보자. 아줌마, 강아지, 아기만큼 말을 걸기 쉬운 상대이다.

하나의 소재에서
열 가지 소재로
뻗어가는 잡담 방법

잡담 소재를 모을 때는 하나씩 여러 번 모으는 방법뿐만 아니라, 하나에서 가지를 뻗어 여러 가지 소재를 끌어 모으는 방법도 있다.

예를 들어 아카데미상에서 일본 영화 최초로 외국어 영화상을 수상한 다키타 요지로 감독의 영화 〈굿'바이〉를 보러 갔다고 하자.

우선 아카데미상을 수상한 화제작을 봤다는 경험부터 잡담 소재가 되기에 충분하다. 영화의 주된 스토리인 염습사라는 직업, 배우 모토키 마사히로와 히로스에 료코의 연기, 다키타 감독의 연출 등 잡담 소재는 다양하게 있다. 하지만 그것만으로는 작품에 관한 이야기에만 맴돌게 될 뿐이다.

물론 좋은 소재지만 뭔가 다른 소재를 발견해보는 건 어떨까? 중심이 아닌 곁가지에도 주목해보자.

전 오케스트라 단원인 주인공이 첼로를 켜는 장면에서는, '첼로란 어떤 악기인가?', '오케스트라 단원이라는 직업도 괜찮구나!' 하는 느낌을 가져보는 식이다.

또한, 주인공의 염습사 선배가 집안을 식물로 가득 채우고 있는 장면에서는 '집에 꽃이 많으니 참 좋구나!' 하는 소소한 흥미를 가져본다.

그런 관점에서 보면 하나의 영화에서 받는 자극은 주된 스토리만이 아닌, 좀 더 다방면으로 뻗어간다. 그리고 각각의 자극이 모두 잡담 소재가 될 수 있다.

그 자극을 저장해두면 악기 연주나 오케스트라 이야기가 나왔을 때, "그러고 보니 〈굿'바이〉에서도 이런 장면이 나왔었죠" 하는 이야기를 할 수 있게 된다.

치유나 릴랙스에 관한 화제가 나왔다면 "식물을 키우는 게 정신건강에 상당히 좋은 영향을 끼친다나 봐요. 〈굿'바이〉에도 그런 장면이 나오잖아요" 하는 식으로 대화를 전개해볼 수도 있다. 〈굿'바이〉라는 영화의 주된 스토리 이외의 다른 소재로도 계속해서 가지를 뻗어가는 것이다.

영화는 다양한 소재로 엮여 완성된 직물과도 같다. 〈굿'바이〉라면 첼로, 식물, 목욕탕이라는 주된 스토리 이외에도 다양한 요소가 얽혀져 있다.

감성의 안테나를
세워라

─────

이 책에서는 편의상 영화 스토리를 예로 들었지만, 사실상 우리 주변에서 일어나는 모든 일에 예외 없이 해당된다.

잡담 소재가 될 만한 에피소드를 만났다면, 중심 부분이 아니라 거기에 얽혀 있는 다른 요소로도 눈을 돌려보자. 중심 부분에서는 하나의 에피소드에서 하나의 잡담 소재밖에 얻을 수 없다. 하지만 다양한 구성 요소로 눈을 돌리면 그 소재는 계속해서 뻗어간다.

하나를 알면 거기에서 뻗어간 열 가지를 얻을 수 있다.

하나의 소재에서 얼마만큼 가지를 뻗어갈 수 있을까. 하나의 소재에 숨어 있는 싹을 얼마만큼 찾아낼 수 있을까.

그러려면 항상 감성의 안테나를 세우고 다양한 자극을 받아들일 태세를 갖춰둬야 한다.

먼저 일상생활 속에서 자신에게 자극을 주는 것은 무엇인지 다시 점검해본다. 텔레비전, 잡지, 영화, DVD, 음악, 라디오 등, 주위에서 자주 보고 듣는 매체의 경향을 조금 바꿔볼 것도 권한다.

예를 들면 어떤 하나의 텔레비전 프로그램을 빼놓지 않고 계속해서 보는 방법이 있다. 그것도 지금까지 별로 본 적이 없는 장르의 프로그램을 녹화해두고서 매일 보는 것이다.

어느 순간, 새로운 감성의 안테나가 반응하면서 변화가 찾아올 것이다. 정보 감각이 높아져 지금까지는 깨닫지 못했던 자극에도 반응하게 된다.

새로운 자극을 받아들일 입구를 활짝 열어두고 항상 흘러드는 정보를 받아들일 태세를 갖춰둔다. 그리고 소재가 될 수 있는 정보에 민감하게 반응한다. 이것은 잡담의 기초체력을 만드는 데 꼭 필요한 것들이다.

하나의 잡담 소재에서
열 가지 잡담 소재로 뻗어가는 방법

— 예) 영화 〈굿'바이〉 —

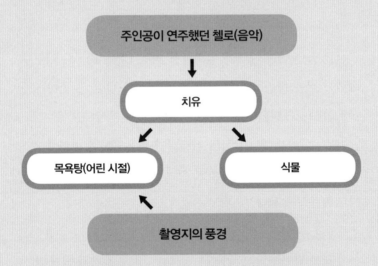

주인공이 연주했던 첼로(음악)

↓

치유

목욕탕(어린 시절)　　　　　식물

촬영지의 풍경

영화 스토리 이외에도 잡담의 소재는 확대된다!

하나의 소재로부터 얼마만큼
가지를 뻗어갈 수 있을지 찾아보자

연령별
핫한 키워드에
안테나를 세운다

나는 어린이를 대상으로 하는 서적 출간이나 강의, 텔레비전 프로그램 제작 등에 관여하고 있어 아이들과 접할 기회가 의외로 많다.

아이들과 함께하면서 알게 된 사실 중 하나가, 초등학생 사이에서만 엄청나게 인기를 끌고 있는 만화나 그림책이 있다는 것이다. 모 출판사의 ○○○ 시리즈를 예로 든다면, 초판 부수가 무려 30만 부나 되는 작품도 있다. 게다가 중판을 하는 데 그 단위가 10만 부 단위라고 한다.

초판에 1만 부만 팔려도 잘 나간다는 평가를 받는 출판업계에서 이 숫자는 그야말로 경이적이다. 초등학생 사이에서 엄청난 베스트셀러, 우리 어른들은 전혀 알지 못해도 아이들의 대다수는 알고 있는 그런 책이다.

초등학생과 이야기할 때 이 '○○○ 시리즈'를 화제로 올리면, 당연히 "어, 어떻게 아세요?" 하고 눈을 반짝이며 분위기가 무르익는다. 초등학생 여자아이라면 아이돌 그룹 이야기도 인기다.

요즘은 초등학생, 주부, 샐러리맨, 여고생, 외국인, 고령자 등, 세대마다 전혀 다른 가치관을 갖고 있다. 그런 사람들을 상대로 항상 화제가 끊이지 않는 잡담을 하려면 상대의 영역에서 인기있는 소재를 화제로 삼는 것이 효과적이다.

그러기 위해선 세대나 연령대, 지역 같은 다양한 영역에서 활용할 수 있는 화제에 안테나를 세워 체크해둘 필요가 있다.

그렇다고 지레 겁먹을 필요는 없다. 서점에 갔다면 가끔 아동서 코너를 돌아보고, 미용실에 갔다면 가끔 여성지를 훑어보면 된다. 일상생활 속에서 때론 자신과 다른 세대를 타깃으로 한 정보에 눈을 돌려본다.

앞서 설명했듯이, 지식으로서 머릿속에 넣어둘 필요는 없다. 언뜻 본 이미지나 느낌을 그대로 전하기만 해도 된다.

"○○○에 관한 기사를 본 적이 있습니다만, 도대체 그 인기의 비결은 뭘까요?"

"역 앞에 새로 생긴 카페에 가보셨나요? 케이크가 아주 맛있어 보이던데."

이런 경우 상대가 알고 있을 법한 혹은 관심이 있을 법한 화제에 관해 질문을 던지기만 해도 분위기는 완연히 달라진다.

각 세대별 핫한 소재를 찾아도 좋지만 자신 이외의 세대가 관심을 가질 만한 키워드를 파악해두는 정도면 충분하다.

P·A·R·T

4

실력 발휘에 필요한
비즈니스 잡담

S M A L L   T A L K

30

면접 잡담으로
유연성을 엿본다

취업 면접을 볼 때 면접관이 일과 상관없는 질문을 하는 경우
가 더러 있다.

"우리 회사에 지원한 동기는 무엇입니까?"

"자신의 장점을 말해보세요."

"이 회사에서 어떤 일을 하고 싶나요?"

이런 질문을 하는 중간 중간에 다음의 질문을 던지기도 한다.

"요즘 재미있게 본 영화가 있나요?"

"좋아하는 여배우는 누구죠?"

"주말엔 주로 어떻게 보냅니까?"

이런 생각지도 않은, 카페에서 차라도 한잔 마시며 나눌 법한 질문들이 불쑥 나오는 경우이다.

당신은 예상 질문 외의 화제에 얼마나 신속하게 대처할 수 있는가. 갑작스레 바뀐 화제에 순간적으로 얼마나 재치 있게 분위기를 전환할 수 있는가.

잡담 질문에도
능숙해져야 한다

———

면접을 보면서 회사에서 점검하는 것은 그 사람의 유연성과 위기 능력, 그리고 사회성이다.

사전에 답을 준비하고 있었던 것이나, 면접에서 얼마든지 나올 법한 질문, 자신 있는 분야에 관한 이야기일 때는 제대로 말할 수 있다. 하지만 거기에서 약간만 벗어나 일상적인 잡담 같은 질문을 받으면 바로 횡설수설해 버린다.

그렇게 되면 면접관 입장에서는 '함께 영업이라도 나가면 곤란하겠는데'라는 생각이 먼저 들 것이다.

이와 반대로, 면접관이 "아! 그래요?" 하고 관심을 보일 만큼 플러스알파를 붙여 말을 되받을 수 있는 사람이라면 '쓸 만한 사람'이라는 인상을 주게 된다.

이처럼 면접에서는 그 인물의 유연성과 순발력을 보기 위해 잡담 같은 질문을 던지기도 한다.

어떤 화제가 나와도 임기응변의 자세로 대처하는 유연성은, 본제 이외의 잡담을 얼마나 잘할 수 있느냐에 달려 있다. 취업 면접에서 잡담력을 체크하는 것은 비즈니스 세계에서도 잡담력이 뛰어난 사람을 요구하고 있다는 확실한 증거다.

또한 의외라고 생각할지 모르지만, 잡담에서 눈여겨보는 것은 그 사람의 집안이다. 물론 여기서 말하는 집안은 집안의 좋고 나쁨이 아니라, 원만한 가정에서 제대로 된 인간관계를 맺으며 구김살 없이 자랐느냐를 의미한다.

면접관은 분명 이런 점까지 눈여겨보고 있다는 사실을 잊어서는 안 된다.

31

중립적인 사람이
잡담에도 뛰어나다

세 명만 모여도 파벌이 생긴다고 한다.

학창시절 반에 친한 그룹이 여럿 존재했던 기억은 누구에게나 있을 것이다. 그 자체는 그렇게 나쁘지 않다. 인간의 습성이 아닌가.

다만 파벌이나 그룹에 너무 연연하면 아무래도 인간관계가 좁아지고 사람 사귐이나 사고방식이 편협해진다는 문제가 생긴다. 조직에서는 하나가 잘못되면 전체 분위기가 살벌해진다. 경우에 따라서는 그룹 간 불화나 파벌 투쟁으로 발전할 가능성도 있다.

그럴 때, 그 조직 전체가 요구하는 인물은 '중립적인 존재', '그룹이나 파벌에 속하지 않고 모두에게 같은 태도로 일관하는 사람', 즉 '그룹화되지 않은 사람'이다.

그런 중립적인 사람의 공통점 가운데 하나가 잡담에 뛰어나다는 점이다. 그룹화되지 않은 사람들은 어느 그룹의 누구와도 잡담이 가능하다.

부장이나 과장, 동료나 선배, 여사원이나 거래처 사장, 보험 영업사원이나 경비, 누구와도 격의 없는 잡담을 나눈다.

그런 중립적인 사람이 있는 것만으로 그곳의 분위기가 확 살아난다.

'저 사람만 있으면 왠지 분위기가 부드러워진다.'

분위기가 좋은 직장에는 반드시 그런 사람이 있다.

중립적인 사람은
입장에 흔들림이 없다

———

집단에서 파벌 간 험담으로 분위기가 험악해질 듯하면, 중립적인 사람은 그 화제를 자연스럽게 다른 곳으로 돌려 분위기를 부드럽게 이끈다. 특정 적대관계가 형성되지 않도록 대화를 능숙하게 컨트롤하여 누구에게라도 중립적으로 대한다.

중립적인 자세를 유지할 수 있다는 것은, 상대가 누구든 말을 바꾸지 않고 공정한 평가를 내릴 수 있음을 뜻한다. 즉 입장이나 발언에 흔들림이 없다.

그들은 어떤 그룹이나 파벌에도 속하지 않으므로 전체를 객관적으로 바라볼 줄 안다. 주위에 휩쓸리지 않고 매사를 넓은 시선으로 바라본다. '이것은 이것', '저것은 저것', '이 문제와 이 문제는 별개'라는 확고한 입장을 고수하는 것이다.

그런 사람은 조직에서 모두가 동경하고 경의를 표하게 되는 존재다. 또한 명쾌하고 뒤끝이 없어 다양한 그룹과 격의 없이 지낸다. 주변 사람들에게는 '저 사람처럼 되고 싶다'는 평가를 받는다.

비즈니스맨에게 높은 지지를 받았던 만화 《시마 과장》(히로카네 켄시의 작품으로 샐러리맨들의 교과서로 통하는 이 만화책은 파나소닉을 모델로 한 하츠시바라는 가상 기업에 다니는 주인공 시마 코사쿠의 이야기를 1983년부터 지금까지 30년째 연재 중 - 옮긴이) 역시, 주인공의 일관된 비파벌성에 대한 동경 때문이었는지도 모른다.

조직 안에서 이런 중립적인 자세를 유지하기 위해서는 그 어떤 능력보다 잡담력이 반드시 필요하다.

잡담 그 자체는 이렇다 할 의미가 없는 대수롭지 않은 이야기다.

그러나 잡담을 어느 누구와도 즐겁게 할 수 있는 능력은, 바꿔 말하면 어느 누구와도 적당한 거리감을 유지할 수 있는 능력이기도 하다.

잡담력은 그 사람을 중립적인 존재이게 하는 사회성 넘치는 지성(知性)이다.

조직에서의 평가도
결국 잡담 능력에
달려 있다

나는 사실 학창시절에 친구가 적어 어두운 시절을 보냈다. 아무래도 당시의 나는 주위에서 '얽히고 싶지 않은 사람'이었던 모양이다. 낯가림도 무척 심한데다, 젊은 혈기에 '난 너희들과 달라' 같은 분위기를 풍겼을지도 모른다.

하지만 다들 얽히고 싶지 않아 하는 나에게, <u>아주 태연히 말을 걸어오는 친구</u>가 있었다. 어떻게든 말을 걸어오는데, 그것도 무리하게가 아니라 정말로 태연히 잡담을 걸어왔다.

처음엔 당혹스러웠지만 차츰 그 친구와 사귀는 데 익숙해졌다. 그리고 자연스럽게 그 친구를 사이에 두고 다른 친구들과도 사귈 수 있게 되었다.

지금 생각해도 그 친구에게 정말 큰 도움을 받았다. 그 친구 덕분에 학창시절의 인간관계, 즉 친구끼리 이뤄진 커뮤니티로 부터 낙오되지 않고 지낼 수 있었다고 해도 과언이 아니다.

그 친구와의 만남은 지금도 계속되고 있다. 누구에게라도 거리낌 없이 대하는 그는 학창시절부터 지금까지도 주위에 따르는 사람이 많다. 바꿔 말하면 인덕이 높다. 앞서 말한 중립적인 자세는 주위 사람들로부터 인덕을 부른다.

적당한 거리를 유지한다

———

중립적인 자세를 취하는 사람은 누구와도 거리낌 없이 이야기할 수 있으면서 모두와 적당한 거리감을 유지한다. 따라서 공정하게 어느 쪽으로도 치우치지 않는 객관적인 판단이 가능하다. 그런 사람에게선 인간으로서의 '그릇의 크기'가 느껴진다.

이와 반대로 화술 자체는 뛰어나더라도 말상대를 고르는 사람, 싫은 사람과는 말도 섞지 않는 사람에게서는 왠지 그릇이 작다는 느낌을 받는다.

잡담력에 따라 조직에서의 평가도, 인덕도 크게 달라지는 것이다.

인덕이라는 관점에서 본다면 소재나 화제의 재미보다는, 상대를 고르지 않고 누구와도 대화가 가능한 쪽이 인정을 받게 마련이다.

어느 직장이든, 다들 어려워하는 사람과도 거리낌 없이 이야기하고 특별히 신경 쓰지 않고 누구와도 자연스럽게 이야기하는 사람이 있다. 그런 사람은 대체적으로 인덕이 높다. 뛰어난 언변도 특출한 재능도 아닌 공정함으로 모두를 이어준다.

상사와 동료, 거래처와도 양호한 관계를 구축할 수 있기 때문에, 자기 편도 많고 출세도 빠르다. 그런 사람은 상사가 되어도 부하직원이 잘 따른다.

이처럼 잡담에 뛰어난 사람은 폭넓은 인간관계를 자랑한다. 비즈니스 관점에서도 중립적인 잡담은 최강의 무기다.

기획회의는 술자리처럼,
술자리는 기획회의처럼

내가 참여하고 있는 한 어린이 대상 프로그램의 기획회의는 항상 활기가 차고 넘친다.

출연진과 스태프들이 여럿 모여 "다음엔 어떤 기획을 할까?", "어떤 특집을 짤까?"에 대해 토론하는 장이지만, 그때 나오는 아이디어는 사실 터무니없는 것들뿐이다. 그들이 하는 말을 듣고 있노라면, 정말이지 얼토당토않은 말만 떠들어대는 것처럼 보인다.

예를 들면 이런 식이다.

"아이와 함께 보는 젊은 엄마 층을 타깃으로 쌈박한 꽃미남이 시를 낭독해주는 건 어떨까요?"

"매일 그렇게 해주면 젊은 엄마들 스트레스가 확 풀리지 않을까?"

"요리하는 꽃미남이 칼질을 하면서 사랑의 메시지를 속삭이는 건 어때요?"

"야구 주자가 홈을 돌면서 그날의 명언을 읊어줘도 재미있을 것 같은데."

"꽃미남 승려가 목탁을 두드리면서 사랑 노래를 불러주는 건 어때요?"

이처럼 다양한 의견들이 쏟아지며 엄청난 기세로 회의 분위기가 무르익어 간다. 회의에 참석한 모두가 한껏 분위기에 취해 한없이 이야기가 확대되어 간다. 이 프로그램뿐만 아니라 인기 있는 텔레비전 프로그램의 기획회의는 거의 이렇게 진행될 것이다.

결과적으로는 채택되지 않는 것이 대부분이지만, 그런 얼토당토않은 이야기를 진지하게 하면 머릿속이 엄청 유연해져 말도 술술 나오게 마련이다. 회의에 참석한 사람들은 동지의식이 강해져 엄청난 활기가 솟는다.

기획회의지만 거의 술자리에서 떠드는 감각으로 의견들을 주고받는다. 실제로, 1차로 사무실에서 분위기를 띄운 다음 술집으로 이동하고 나서 더 격렬한 토론을 벌이기도 한다.

처음부터 진지하게 결론을 내려 하면 대책 없이 갑갑해질 수 있다. 하지만 좋은 아이디어만 내면 만사형통인 기획회의만큼 재미난 회의는 없다.

어떤 하나의 공통된 과제나 목표를 정하여, 그것을 향해 각자가 자유롭게 아이디어와 에피소드를 낸다.

아이디어가 나올 때마다 물 만난 고기마냥 신나게 이야기를 이어간다. 모두가 같은 시간, 같은 화제를 공유한 덕분에 뒷맛도 개운하다.

기획회의는 술자리처럼, 술자리는 기획회의처럼. 이것이야말로 비즈니스맨이 업무 중에도 오프타임에도 공통되게 분위기를 띄우는 요령이다.

숫기 없는 사람에겐
단순 업무 잡담이 유용하다

마작이나 장기 등 손을 움직이면서 하는 잡담은 의외로 활기를 띤다.

하지만 일반적으로 비즈니스 현장에서는 잡담이 일에 방해가 된다는 풍조가 여전히 강하다. 그나마 최근 들어서는 '근무 중 잡담 금지' 같은 터무니없는 문구를 내세우는 회사가 많이 줄어들긴 했지만, 아직까지도 그런 풍조가 남아 있는 회사가 여전히 많다.

누구나 한 번쯤은 상사로부터 "그만 떠들고 일이나 해라!", "입을 움직이기 전에 손을 움직여라!" 같은 잔소리를 들었던 경험이 있을 것이다.

내 처지에서는 잡담도 하지 못하는 직장을 다녀야 한다면 심각하게 고민해볼 만한 문제다.

회사는 당연히 일을 하는 공간이지만, 그 이전에 생활공간이기도 하다. 회사원은 일상의 대부분을 회사에서 보내고 있으므로, 회사에 있을 때 마음이 편하지 않으면 정신건강에도 좋지 않다. 잡담을 하면서도 일은 얼마든지 가능하다. 그 정도의 여유는 있어야 하는 일도 잘 풀린다.

물론 잡담을 하면 잘 진행되지 않는 일도 있다. 잡담이 끼어들 틈도 없이 긴장감을 갖고 임해야 하는 일도 있다.

그러나 잡담을 하면서, 즉 입을 움직이면서 하는 쪽이 훨씬 효율적인 일도 많다. 이를테면 단순작업이다. 기계적, 사무적인 단순작업은 잡담을 나누기에 절호의 기회다.

출력한 회의 자료를 정리할 때, 손이 하는 작업 자체는 아주 단순하여 조금만 익숙해지면 무의식중에도 할 수 있게 된다. 그런 작업은 그냥 묵묵히 하기보다는 잡담을 나누면서 하는 편이 훨씬 효율적이다. 혼자 일하는 것보다는 서로 이야기를 하면서 적당히 이완된 상태에서 하는 게 덜 지겹다.

그 반대의 경우도 생각해볼 수 있다.

즉, 뭔가 손을 움직이고 있을 때 대화도 활기를 띤다.

의식의 반은 작업에 돌리고, 나머지 반은 잡담을 한다. 작업과 잡담으로 뇌를 반반씩 사용하여 부담도 적고 많이 긴장하지 않아도 된다는 점 역시 잡담의 장점이다.

작업을 하고 있으니 당연히 시선은 손을 향해 있다. 그러니 얼굴을 마주하고 이야기할 필요도 없다. 손 둘 곳, 눈 둘 곳, 양쪽에 빠져나갈 구멍이 있다.

단순한 업무를 할 때
잡담의 기회가 생긴다

———

특히 숫기가 없어 상대의 얼굴이나 눈을 보면 긴장이 되어 말을 못한다는 사람에게 단순 업무는 더없이 좋은 잡담 상황이다.

예전에는 직장에서 '잡담 금지'라는 말을 많이 사용했다. 직장에서 일을 하는 이상, 잡담은 어림도 없다는 식이었다. 하지만 일의 내용에 따라서는 '~하면서'가 허락된다고 할까. 아니, '~하면서'를 권장해도 괜찮다.

나 역시 학교에서 학생들의 시험지를 채점할 때, 동료 교수들과 자주 잡담에 빠진다. 머리를 많이 써야 하는 이런 일은 잡담이라도 하지 않으면 숨이 막힌다.

다만 분위기가 고조되어 다른 교수들로부터 "조용히 해주세요. 집중할 수가 없잖아요"라는 핀잔을 종종 듣기도 하지만…….

단순작업을 하면서 손 주변에서 시선을 떼지 않고 가볍게 잡담을 하면 된다. 이 '~하면서 잡담'은 시간이 빨리 지나가는 것처럼 느껴지고, 무엇보다 즐겁게 일할 수 있다. 일에 따라서는 아주 효율적이고 긍정적으로 작용한다.

따라서 잡담을 어려워하는 사람일수록 복사나 자료 파일링, 자료 정리 같은 단순한 작업을 솔선하여 해보는 것이 좋다. 또한 함께 단순작업을 하고 있는 상대와 잡담을 나눠 보기를 권한다.

잡담에 능한 주인이
다시 가고 싶은
가게를 만든다

잡담력이 가장 필요한 일 가운데 하나가 서비스업, 접객업이다.

보통 식당에 가면 접객 담당 직원이 있다. 너무 바쁠 때에 말을 거는 것은 실례이므로, 아주 혼잡한 시간대는 가능한 한 피하는 것이 좋다. 접객 담당과 이야기할 수 있는 식당이라면, 역시 잡담에 능한 직원이 있는 식당으로 발길이 향하지 않을까.

우리 가족이 아주 좋아하는 한 식당이 있는데, 특별한 날엔 꼭 그곳으로 간다. 물론 음식 맛도 좋지만, 그 이상으로 그 식당의 접객을 맡고 있는 직원이 무척 친절하고 잡담에 뛰어나기 때문이다.

와인을 주문하면 와인에 대한 설명과 더불어 짬짬이 다음과 같이 말을 걸어온다.

"실은 지금 소믈리에 자격증을 따려고 공부하는 중이에요."

"소믈리에 자격증이라고요? 어떻게 따는 거죠?"

"○○검정이라는 자격시험이 있는데, 그 시험에는 ○○ 같은 문제가 나오고……."

또 아이와 함께 간 경우라면 "예전에 우린 ○○ 학습지를 많이 했어요"라고 아이에게 맞춘 화제를 골라 말을 건넨다.

물론 음식을 먹어야 하니까 잡담을 나누는 시간이라야 고작 몇 분밖에 되지 않지만, 그만큼의 대화를 나누는 것만으로 기분이 좋아져 음식 맛도 한결 좋게 느껴진다.

음식도 음식이지만, 반은 그와의 잡담을 목적으로 간다고 해도 과언이 아니다.

잘되는 식당의 비결은
따로 있다

————

이와 반대로, 주문을 할 때 "어떤 게 맛있나요?" 하고 물었는데

"다 맛있습니다"라는 대답이 돌아오면 더 이상 대화가 이어지지 않는다.

음식에 자신이 있다거나 딱히 추천 메뉴가 없는 경우도 있겠지만, 그런 것은 이유가 되지 않는다. 이와 마찬가지로 "여기 보시면 오늘의 추천 메뉴가 적혀 있습니다" 하는 경우도 대화가 이어지지 않는다.

메뉴판이나 보드에 적힌 걸 봐도 되겠지만 손님이 진정 듣고 싶은 말은 그게 아니다.

최근에 주문량이 많은 인기 음식이나, 특별한 식재료를 사용한 음식 같은 것을 주인이나 종업원이 직접 말로 전하는 것이 중요하다.

"실은 제가 낚시를 좋아하는데, 마침 오늘 아침에 잡아온 물 좋은 생선이 있습니다."

"저희 가게 최고 인기 메뉴는 ○○○입니다. 손님들한테 가장 반응이 좋습니다."

이런 식으로 대답을 하면 자연스레 질문도 하게 된다.

"이 근처에 낚시할 만한 곳이 있나요?"

"요즘은 어떤 물고기가 많이 잡히나요?"

"아, 그렇군요. 그럼 이 음식에는 어떤 술이 어울릴까요?"

대화의 폭이 넓어질 수밖에 없다.

"젊은 분께는 ○○○가 좋을 것 같습니다."

"연배가 있으신 분들은 ○○○를 많이 찾으십니다."

잡담에 능한 사람이라면 이 정도의 대화는 기본이다. 거기에서 손님과의 대화가 성립된다. 또한 잡담에 능한 사람일수록 손님의 특성에 따라 적확한 화제를 잘 끌어낸다.

새삼 말할 것도 없지만, 음식점에 한하지 않고 손님을 직접 상대하는 장사는 상품 이상으로 손님과 주고받는 대화가 중요한 포인트가 된다.

전문적인 정보를 갖춘데다, 속마음을 읽을 수 있어 맘 편히 잡담을 나눌 수 있다. 손님은 그런 인간관계가 가능한 가게로 발길이 향하게 마련이다.

그러한 가게야말로 손님이 '다시 가고 싶은 가게'인 것이다.

사장의 일은
잡담과 결단이다

사장의 일이란 과연 무엇일까.

나는 잡담과 결단이라고 생각한다.

비즈니스상 커뮤니케이션에서 중요한 것은 의사결정력과 잡담력이다. 이 두 가지만이 가장 중요한 사장의 일이라고 해도 결코 과언이 아니다.

결단은 이해가 가지만 잡담이라고 하니 의아한 생각이 들지도 모른다.

사장은 새로운 니즈를 찾고, 아이디어를 발굴하여 영업을 지휘하고, 때론 사내를 돌며 사원에게 질타와 격려를 하며 현장 정보를 수집한다. 이 모든 행위와 관련된 것이 바로 잡담력이다.

　　거래처와의 미팅이 있을 때, 사장은 사전에 모든 업무를 총괄한 후 상대가 나타나면 슬쩍 얼굴을 내밀고 두세 마디의 잡담을 건넨다. 그리고 나서 "그럼 저는 이만 실례하겠습니다. 잘 부탁합니다!"라는 짤막한 인사말을 남기고 자리를 뜬다.

　　그런 대수로울 것 없는 광경을 본 적이 있을 것이다.

　　하지만 이 대수롭지 않은 잡담이 큰 비즈니스의 물꼬를 트는 청신호가 되기도 한다. 잡담력은 비즈니스를 움직이는 돌파구가 될 것이다.

잡담은
상대와의 거리를
단번에 좁힌다

　비즈니스에서 잡담이 가져오는 긍정적인 작용으로 주목
해야 할 것은 안전망의 효과다.

　예를 들면, 개인 집을 방문할 일이 많은 집배원이나 택배기사
의 경우를 살펴보자.

　우리 집에는 작은 개를 키우고 있는데, 이 개는 항상 현관 앞
에서 방문하는 사람들을 기다린다. 배달 등의 일로 방문한 사람
들은 대부분 이 개를 무시한다. 아니, 무시라고 할 것도 없이 아

예 관심조차 갖지 않는다.

하지만 그중에 나이 지긋한 집배원 한 분은 개의 이름까지 기억하고 있다가, 배달을 오면 꼭 "잘 지냈니?" 하고 개를 쓰다듬으며 말을 건넨다. 그러니 개도 그 집배원을 잘 따른다.

"장수를 쏘려면 먼저 말을 쏴라"는 속담이 있는데, 이 경우에는 '먼저 개를 쐈다'고 말할 수 있다.

애완동물을 키우는 사람은 그 동물을 귀하게 여겨주는 사람에게 좀 더 호감을 갖는 법이다. 그것이 인지상정이다.

그 집배원은 우편물을 배달해주는 사람이 아니라, 그냥 개를 좋아하는 푸근한 아저씨인 셈이다. 그런 점에서 다른 집배원이나 택배기사들과는 차별화되는 특별한 존재다.

약간의 배달 실수가 있어도 나는 그냥 넘어간다. 잡담으로 격의 없는 사이가 되었으므로, 자잘한 실수는 신경 쓰지 않는 상황이 되는 것이다.

오전 특급으로 받아야 할 배달물이 "비가 억수같이 쏟아지는 바람에……" 하며 점심이 지나서 도착해도 "이런 날씨에 어쩔 수 없죠!" 하고 끝낸다.

하지만 그런 관계가 형성되어 있지 않으면, 상대의 실수를 단적으로 지적할 수밖에 없다.

"오전 특급이라고 하지 않았나요?"

"이 정도 비가 핑계거리가 된다고 생각하세요?"

이런 불만은 클레임으로 이어지기 일쑤다.

양호한 인간관계를 구축하는 잡담력이, 업무 상대와의 사이에서 매우 효과적인 완충 역할을 하고 있다. 잡담은 그 사람의 업무상 실수도 눈감아주는 것이다.

지금 책에서는, 올 때마다 개에 관한 한두 마디 잡담으로 친해진 집배원의 예를 들었지만 그 계기는 어떤 상황이 되었든 다 적용된다.

비즈니스의 안전망, 잡담력

우리 집 현관에는 어떤 그림이 걸려 있는데, 지금껏 우리 집에 온 사람(배달 관계상) 중에 그 그림에 대해 언급해준 사람은 거의 없었다. 애써 좋은 그림을 구해 걸어놓았는데 슬프게도 아무도 반응을 보이지 않는다. 유일하게 반응한 사람은 화상(畵商)뿐이다. 그 쓸쓸함이라니! 헛물켠 기분마저 들었다.

이럴 때 "우와, 그림이 멋집니다!", "좋은 그림이군요. 누구 작품인가요?"라는 말을 한 마디만 들어도 기뻐하는 것이 사람의 마음이다. 바로 그 말을 기다리는 것이다. "이 그림 얼마입니까?"

라고 물어도 상관없다.

상대의 생활권 내에 있는 것 중에서, 그림이든 꽃이든 소중하게 여기는 것에 대해 전혀 언급하지 못한다면 일을 썩 잘한다고는 할 수 없다.

일 때문에 개인 집을 방문했을 때, 현관에 꽃이 장식되어 있다면 그 꽃에 대해 간단하게라도 언급해본다. 그림이 걸려 있다면 그 그림에 대해 언급해주는 자세는 매우 중요하다.

한눈에 들어오는 범위 내에서 이야깃거리를 찾아본다. "이건 뭐예요?"라고 묻기만 해도 괜찮다. 그런 잡담력이 단번에 상대와의 거리를 좁혀준다.

잡담 하나로 상대의 실수에도 관대해질 수 있는 양호한 인간관계가 완성되기도 한다. 그럴듯하게 말한다면, 잡담으로 구축한 인간관계가 비즈니스에서 실수가 발생했을 때 안정망 구실을 해준다.

최근에는 안전이라는 이유 때문에 '익명의 관계'에는 각별한 주의가 필요하다.

택배를 보낼 때도 지역 담당자와 배달 시간을 정하여 문자 메시지를 보내는 업체가 늘고 있다. 따라서 집을 방문하는 택배기사도 항상 같은 사람인 경우가 많다. 그럴 땐 택배기사의 얼굴과 이름을 알고 있으니 낯선 사람보다는 훨씬 마음이 놓인다.

여기서 한 걸음 더 나아가 서로 잡담을 나눌 수 있을 만한 분위기를 만들면 안도감은 훨씬 커진다. '안면 있는 사람'으로서의 인간관계가 완성되기 때문이다. 만약 전혀 모르는 사람이 집을 방문한다면, 긴장감과 두려움이 앞설 것이다.

잡담력은 비즈니스에만 국한되지 않는다. 여러모로 신경 쓸게 많은 현대사회의 익명성에 따른 불안에 대해서도 대단히 효과적인 안정망 구실을 해줄 것이다.

P·A·R·T

5

잡담의 달인에게
배우자

SMALL TALK

38

잡담의 교과서로
터득한다

《바보 과장 일대》라는 만화가 있다.《돌격, 크로마티 고교》를
그린 노나카 에이지의 개그 만화다.

이《바보 과장 일대》는 내가 잡담의 교과서로 애독하고 있는
명작이다. 집 화장실에 두고 매일매일 읽고 있다. 지금까지 몇
번이나 읽었는지 모른다.

만화의 줄거리는 가전 메이커 과장 대리라는 직책의 주인공
과 그 부하직원들이 '허구한 날 의미 없는 대화'를 반복한다는

것이다.

의미 없는 대화를 담은 내용이 대부분을 차지하지만, 거기에는 '아름다운 잡담'이 빼곡히 들어차 있다.

예를 들면, 한때 배우가 꿈이었다는 부하직원에게 '경기를 끝내고 돌아가는 프로야구 선수' 연기를 시킨다. 그러면 과장은 그것을 보고 다음과 같은 평을 내린다.

"그건 그냥 술 취한 팬이잖아."

"왜 새파란 신입이 대선배 말을 듣지 않는 거야?" 하며 혼쭐을 낸다.

그리고 계속 노닥거리다가 마지막에 말한다.

"가장 중요한 건 월급쟁이는 점심시간에 일을 하면 안 된다는 말씀이지!"

이것으로 끝이다.

어느 작품이랄 것 없이 이런 식으로 진행된다.

하지만 이것이야말로 아름다운 잡담의 거울이다.

<u>만화 속 주인공은 절대로 일을 하지 않는다. 회사에서도 거래처에서도 잡담만 한다. 그런데 그 잡담에는 묘한 매력이 있다. 그래서 그가 가는 곳마다 항상 분위기가 고조된다.</u>

"근데, 넌 왜 그 모양이냐?"라고 말했는데 상대가 얼떨떨해하면 "자식, 분위기 파악도 못하긴" 하는 식이다.

잡담을 꺼내는 데도 두서가 없다.

"나는 사인펜을 좋아하는데, 어떻게 된 게 필기용품을 잡다가 보면 항상 볼펜을 잡아. 이건 사인펜이 나한테 무슨 짓을 하고 있는 게 분명해. 어쩌면 좋지?" 하고 정말 허무맹랑한 이야기만 골라서 한다.

그 분위기를 맞추려는 부하직원과 다음과 같은 대화를 이어 간다.

"과장님. 혹시 사인펜한테 복수할 맘 없으세요?"

"그래, 어떻게 복수할까?"

"뚜껑을 열어놓고 말라비틀어지게 하는 건 어때요?"

"그럼 사인펜이 날 미워하지 않을까?"

이런 말을 서로 주고받으며 한층 더 허무맹랑한 이야기를 전개해가는 식이다.

《바보 과장 일대》는 이런 대화만으로 이뤄진 만화다. 한 잡지에 연재되었는데, 이런 대화가 때에 따라서는 그 다음 주까지도 계속 이어진다. 이전 스토리를 반복하느라 한없이 스토리가 늘어지기도 한다. '설마 또?' 하고 생각하는 찰나, 다음 화제로 후다닥 넘어가는 식이다. 갑자기 '지구정복을 노리는 외계인 이야기'가 나오질 않나. 더 이상 스토리를 끌어가는 게 무리라고 생각될 쯤에 재빨리 다른 화제로 넘어간다. 적당함이란 게 없다.

보통은 스토리가 떠오를 법하지만, 도통 스토리라고 할 만한 게 없다. 상황뿐이다. 그렇다고 시추에이션 콩트처럼 화려한 동작이 있는 것도 아니다. 결국 '어! 이게 다야?' 하는 장면에서 끝이 난다.

그런데 이게 상당히 재미있다. 말을 꺼내면 받아주는 것과 같은 잡담을 성립시키기 위한 기본이 철저히 억제되어 있다.

잡담의 능숙함, 기교, 잡담력을 테마로 하는 만화, 순수하게 그것만으로 전개되는 만화는 드물다.

허무맹랑하고 의미 없는 이야기를 계속하고 있을 때의 즐거움, 가끔 이런 말도 안 되는 이야기를 풀어놓았을 때의 후련함, 모두가 단번에 분위기를 탈 때 그 흥분의 도가니란 정말 대단하다.

그리고 분위기가 너무 들떴다면 살짝 화제를 내리고, 가라앉았다면 살짝 다른 화제를 올리는 깔끔한 전개술까지 《바보 과장 일대》에는 잡담에 필요한 에센스가 빼곡히 차 있다. 어떻게 이야기를 풀어갈지 힘들게 고민하기 전에 꼭 읽어봤으면 하는 추천 잡담 교과서다.

얼굴은 잊어도
잡담은 기억한다

앞서 말했듯이, 그룹 TOKIO의 멤버 고쿠분 씨는 잡담의 달인이다. 그 이유로 칭찬에 능하다는 점을 들었다. 그는 언제 만나더라도 '어제 만난 듯한' 느낌을 주는 훌륭한 기술을 갖고 있다.

이전에 한 프로그램 녹화장에서 고쿠분 씨를 만난 적이 있다. 4, 5년 전에 만나고는 두 번째 만남이었으니 상당히 오랜만에 만난 셈이다.

녹화 틈틈이 출연자, 스태프들과 이야기를 하고 있는데 고쿠분 씨가 이런 말을 하는 게 아닌가.

"사이토 선생님, 전에 만났을 때 저한테 이런저런 말씀을 해주셨어요."

그는 4, 5년 전에 잡담으로 흘리듯 말했을 뿐인 화제를 기억하고, 그것을 아무렇지도 않게 마치 어제 만난 사이처럼 화제로 삼고 있었다.

물론 당시의 잡담 내용 전부가 아닌 인상에 남은 키워드나 문구가 기억에 남아 있었을 것이다.

그러나 상대는 이전에 나눈 잡담을 기억해줬다는 사실만으로도 충분히 기뻐한다. 기분이 좋아져 그 사람에 대해 각별한 호감과 친근감을 갖게 된다.

"네. 그런 적이 있지요. 잘 기억하고 있네요."

이렇게 기분 좋게 응수할 수 있다. 사소한 기억 하나로 인해 인간관계가 한층 안정된다.

이처럼 잡담에서 '기억'은 상당히 중요한 포인트다.

잡담의 내용을 다 기억할 필요는 없다

잡담에서 나누었던 내용을 기억해두려는 사람은 거의 없다.

보통은 쓸모없는 이야기라고 흘려버린다.

하지만 그렇기 때문에 더더욱 기억해둘 필요가 있다.

잡담의 내용을 다 기억할 필요는 없다. 무르익었던 화제나 인상 깊었던 말만이라도 좋다. 이 사람과 이런 이야기를 나눴다, 하는 정도만 의식적으로 기억해두면 충분하다. 그것만으로도 잡담은 활기를 띠고 인간관계도 한결 원만해진다.

사실 우리는 누군가와 대화를 한 다음, 본 주제와는 상관없는 화제 쪽을 좀 더 잘 기억하는 편이다.

그 사람의 이름은 도저히 생각이 안 나는데, ○○ 출신이라는 건 또렷이 기억이 난다. 상대의 얼굴은 가물가물한데, 어떤 잡담을 했는지는 의외로 선명하게 남는다. 따라서 다음에 그 사람과 만났을 때, 그 화제에 관한 말을 꺼내면 틀림없이 원만한 잡담을 나눌 수 있다.

"안녕하세요. 오랜만입니다."

"……?"

"그때 ○○ 이야기를 했던 ○○○라고 합니다."

"아, 네. 기억하다마다요. 그땐 고마웠습니다."

이런 식으로 흘러가는 대화가 상당히 많다.

잡담할 당시의 화제를 기억해둠으로써, 그 상대와는 다음 잡담의 계기가 생기는 셈이다.

잡담의 기억이 '그 사람과는 이런 화제로 이어져 있다'라는 공통의 접점이 된다. 상대와의 사이에 이미 첫 다리가 놓인 것이다. 그 다리만 유지할 수 있다면, 다른 화제는 저절로 따라온다.

다리가 될 만한 지난번 잡담의 화제를 기억하고 있느냐, 없느냐. 그 기억이 우리의 잡담력을 크게 좌우한다.

고쿠분 씨와의 만남에서는 그가 '나와의 다리(지난 번 잡담의 화제)'를 기억해뒀다가 다리를 놓아주었다.

그의 주위에는 "이전에 이런 말씀을 하셨습니다", "전에 말씀하신 ○○ 이야기입니다만" 하는 화제에서 잡담이 무르익는 경우가 많다.

고쿠분 씨는 다른 사람과의 대화를 잘 기억한다. 상대가 잊고 있어도 그는 기억하고 있어 '어제 만나 이야기한 듯' 이야기를 꺼내는 것이 가능하다.

고쿠분 씨가 잡담의 달인이라고 생각하는 이유 중 한 가지는 여기에 있다.

40

몸이 먼저 움직이는
리액션이 중요하다

잡담을 잘하고 못하고는 지역에 따라서도 다르다. 잡담이 능한 지역이라고 한다면 일본에서는 두말할 것 없이 간사이 지방, 그중에도 역시 오사카다.

오사카 사람들의 잡담은 수준이 꽤 높다.

그 이유 중 하나로, 도쿄 사람에게는 없는 리액션 문화를 들 수 있다.

한 텔레비전 프로그램에서 오사카 사람들에게 미토 고몬(에도시대 번주였던 도쿠가와 미쓰쿠니를 모델로 한 일본의 시대극이다. 미토 고몬은 권선징악을 대표하는 인물로 한국의 암행어사와 비슷한 위상에 있다-옮긴이)의 인롱(약 따위를 넣어 허리에 차는 타원형의 작은 합-옮긴이)을 보인 후에 사람들의 반응을 살펴보는 기획을 한 적이 있다.

당시 오사카 거리를 오고가는 일반 시민들에게 인롱을 보였더니, 거의 90퍼센트 이상의 사람들이 "우와!" 하고 머리를 조아렸다. 거기에 그치지 않고 땅에 넙죽 엎드리는 사람까지 있었다. 혼자 길을 가던 회사원, 여고생, 주부, 젊은 커플 누구 할 것 없이 모두 그랬다. 함께 있던 아이에게 "얼른 머리를 조아려라!" 하는 아빠도 있었다. 몰래 카메라가 아닐까 싶을 정도로 모두가 똑같은 리액션을 취했다.

하지만 도쿄에서는 이런 리액션을 거의 볼 수 없다. 그저 얼떨떨해하거나 "뭐 하시는 거예요?" 하며 그냥 지나치는 식이다.

오사카에서는 칼로 베는 시늉을 하면 모두 "으악! 당했다!" 하고 쓰러져주고, 권총으로 빵 쏘는 시늉을 하면 가슴을 움켜쥐고 쓰러져준다는 말이 있다.

상대가 어떤 행동을 취하면 반드시 어떤 반응을 보인다. 그것이 정해진 형식이 있는 것이라면 예외 없이 기대대로 반응한다.

오사카 사람에게는 이런 리액션 문화가 뿌리박혀 있다. 생각을 하고 행동하는 게 아니라, 이미 몸에 배어 있다.

그래서 인롱을 보면 저절로 "우와!" 하고 넙죽 엎드린다. 생각도 하기 전에 몸이 먼저 움직이는 것이다.

이렇게 몸이 저절로 움직이는 리액션 문화는, 능숙한 잡담에서 필요한 응답 능력으로 직결된다. 이야기를 꺼냈으면 그것에 반응한다. 그 반응에 상대는 더 센 반응으로 되돌려준다. 이러한 리액션을 주고받음으로써 잡담에 기세가 붙어 점점 분위기가 무르익는다.

생각보다 몸과 입이
먼저 움직이는 리액션

———

생각도 하기 전에 몸과 입이 먼저 움직이며 반응을 보이는 리액션 문화는, 항상 몸이 따뜻하다는 점과 관련이 있을 거라 짐작된다.

나는 대학교 수업에서 학생들에게 잡담을 시킬 때, 일단 서서 체조를 하고 박수를 치고 하이터치를 시킨 다음에 시작한다. 그렇게 하면 체온이 조금 올라가고 그 상태에서 시작하면 잡담이 활기를 띤다.

생각건대, 아마 오사카 사람은 도쿄 사람보다 평균 체온이 높지 않을까 싶다.

　오사카 사람은 항상 체온이 따뜻하고 목소리가 큰 사람이 많다. 모두 큰 목소리로 이야기한다. 전화 통화를 할 때면 소리가 갈라질 정도다. 큰 목소리가 나온다는 것은 몸이 따뜻하다는 증거이기도 하다. 오사카 사람 특유의 항상 따뜻한 상태의 몸에서 생겨난 리액션 문화이다.

　때론 뻔뻔하다거나 번잡스럽다는 말을 듣기도 하지만, 너무 차가워서 꺼려지는 도쿄 사람은 본받아야 마땅하다.

잡담에서
본론으로 전환하는
능력을 배운다

고입, 대입, 취업 등의 시험이 전쟁을 방불케 하는 요즘 시대에는, 초중고 교사는 물론이고 학원 강사에게도 그 이상의 높은 능력이 요구된다.

교사인 이상 공부를 가르치는 능력은 당연하지만, 지금은 거기에 더하여 '세련된 잡담 능력'까지 교사의 자질로 요구되고 있는 실정이다.

처음부터 끝까지 긴장을 놓지 않는 게 아니라, 적당히 분위기를 바꿔가며 여유롭게 수업을 진행한다. 하지만 그냥 쓸데없는 이야기가 아닌, 뭔가 의미 있는 잡담을 할 수 있는 능력이 필요하다는 말이다.

내가 대학교에서 수업을 할 때도, 갑자기 본론으로 들어가지 말고 뭔가 재미난 잡담부터 들어가 달라고 요청하는 학생들이 의외로 많다(젊은 사람은 잡담을 싫어한다고 하지만, 사실은 그 반대다. 학교에서도 항상 잡담을 요구한다).

갑자기 본론으로 들어가려면 머릿속을 즉시 임전 태세로 바꾸어야 한다. 뇌의 기어를 수업 전의 이완된 중립 상태에서 갑자기 전환해야 하는 것이다. 이것은 뇌에 큰 부담을 안겨 쉽게 피로해진다.

대학에서는 잡담에 능한 교수가 학생들에게 인기가 있고, 또한 수업의 질도 높다. 한편 잡담 자체는 능해도 수업이 거의 잡담이 되어버리는 교수는 재미만 있을 뿐이라는 평가밖에 받지 못해 오히려 학생들에게 얕보인다.

여기서 반드시 필요한 것은 수업 분위기를 띄우기 위한 잡담력과, 훌륭하게 본 수업으로 전환할 수 있는 능력이다. 이것은 교수에게는 사활이 걸린 문제다. 이 잡담에서 본론으로 전환하는 능력은 교수라는 직업에만 필요한 것이 아니다.

예를 들면 세일즈맨이 계약 상담을 할 때도, 서류에 계산기에

노트북 따위를 들이밀며 불쑥 "계약서입니다" 하면 서로 힘들고 피곤해진다.

그렇다고 마냥 잡담만 늘어놓고 있어서도 일이 진척이 없다. 이럴 때 잡담에서 본론으로 전환하는 능력이 필요하다. 비즈니스맨이라면 이런 상황에 놓였던 적이 적지 않을 것이다.

잡담은
땅 고르기다

———

'잡담도 제대로 못하는데, 거기다가 본론으로 전환까지 하라니! 도저히 나한텐 무리야!'

평소 이런 사고를 하는 사람들이 참고로 하면 좋은 것이 있다. 바로 일본의 전통 만담인 '라쿠고(落語)'이다.

라쿠고에서 본론으로 들어가기 전 도입 부분에서 하는 이야기를 '쓰카미(つかみ)'라고 한다.

친근한 화제로 잡담을 하는가 싶으면, 어느새 교묘하게 다른 화제로 전환하여 본론으로 들어간다. 어제 오늘 뉴스거리가 갑자기 500년 전 역사 속 이야기로 넘어가도 전혀 위화감 없이 들린다.

능숙한 만담가일수록 이 '쓰카미' 솜씨가 기가 막히며, 절묘하게 본론으로 유도해간다.

라쿠고의 명인 고콘테이 신쇼 선생의 CD를 듣고 있노라면, 물론 만담 자체도 훌륭하지만 쓰카미에서 본론으로 들어가는 매끄러운 연결은 정말이지 기가 막힌다.

잡담을 하듯 만담을 펼쳐간다. 언제 어디쯤에서 본론으로 들어갔는지 전혀 눈치채지 못하는 사이, 자연스럽게 잡담에서 만담으로 이야기가 옮겨와 전개되는 것이다. 만담을 하는 중에도 잡담을 하는 듯한 분위기가 나는 것을 보면 과연 명인이다 싶다.

갑자기 본론이 아니라, 그 전에 미리 땅 고르기를 한다. 잡담은 이 땅 고르기의 역할을 담당하는 것이다.

잡담과 본제를 자연스럽고 균형 있게 전환한다. 긴장과 이완을 기막히게 조절한다. 일본 전통의 예능 문화인 라쿠고에는 절묘한 뉘앙스로 화제를 전환시키는 힌트가 숨어 있다.

격의 없는 익살로
잡담력을 키운다

아무리 잡담의 중요성을 언급해도 '역시 잡담력을 높이는 건 어렵다'며 지레 겁먹은 사람에게 본보기가 될 만한 사람이 있다.

바로 미국 메이저리그 시애틀 매리너스의 외야수 켄 그리피 주니어 선수다. 그가 매리너스에 들어오고부터 같은 팀 동료인 이치로 선수가 굉장히 밝아졌다는 말이 있다. 그리피 선수가 이치로 선수에게 익살을 떠는 모습을 텔레비전으로 본 적이 있는 사람도 많을 것이다.

그리피 선수는 한 인터뷰에서 "내가 웃기면 이치로가 안타를 친다. 그래서 또 웃긴다"라는 말을 한 적이 있다.

사실 이치로 선수는 거의 매일 안타를 친다. 그리피 선수가 없었을 때도 연간 200안타를 달성했다.

그리피 선수 자신도 그 사실을 알고 있지만, "웃기면 친다"고 말하며 이치로 선수를 웃기는 것이다. 이치로 선수가 여기저기서 웃는 모습을 보고 다른 선수들도 이치로 선수에 대해 훨씬 친근감을 갖게 되었다고 한다.

그리피 선수가 익살을 떨며 이치로 선수를 웃게 하기 전까지, 그는 가까이 하기 힘든 존재였다. 그런데 이제 그가 안타를 치면 팀 동료들이 그의 곁으로 달려와 안아준다.

그러고 보면 그리피 선수의 익살스런 행동도 일종의 잡담력 같은 게 아닐까 싶다.

언어의 벽을 넘은 격의 없는 커뮤니케이션은 중요하다. 이치로 선수를 웃게 한 것은 팀 동료와의 관계와 팀 전체의 분위기까지 부드럽게 만들었던 최강의 잡담력이 아니었을까.

나는 말을 섞지 않고도 이런 격의 없는 바디 터치나 익살이 잡담력을 높이는 한 방법이 되었을 거라 믿어 의심치 않는다.

P·A·R·T

6

잡담력은
살아가는 힘이다

S M A L L   T A L K

잡담으로
끈끈한 유대감을
확인한다

잡담은 어색하고 따분한 상황에 놓였을 때, 자신과 주위 사람들의 유대를 확인할 수 있는 수단이 된다.

예를 들면 반에 새로 온 전학생이나 부서 이동으로 새로 온 사원은 모두가 잡담으로 분위기가 들떠도 혼자만 그 고리 안에 들어가지 못한다. 왕따나 괴롭힘은 아니지만, 왠지 외딴섬에 유배당한 듯한 느낌을 받을 것이다.

다수파가 개방적인 관계를 원치 않아서 잡담에 다른 사람을 받아들이려 하지 않는 상황을 종종 볼 수 있다.

그럴 때, 고리 밖에 놓인 사람은 굉장한 소외감을 느낀다.

따라서 분위기가 무르익고 있는 다수파 쪽에서 그 사람에게 의식적으로 말을 걸어주면 고리 밖에 있던 사람도 긴장이 해소되어 소외감도 덜해진다. 그것이 방아쇠가 되어 전체적인 분위기도 온화해진다.

이런 경우에서도 볼 수 있듯이, 분위기를 온화하게 만들거나 썰렁하게 만드는 것은 다수파 쪽에 책임이 있다. 그렇기 때문에 다수파 쪽에서 소수파나 혼자인 사람에게 다리를 놓아줘야만 한다.

이럴 때 가장 대중적이고 효과적인 '가교'가 되는 것이 대수롭지 않은 이야기, 즉 잡담이다.

잡담은 타인을
고독에서 구한다

———

이와 마찬가지로 할 일이 없어 따분한 상황의 예를 들자면, 일 관계나 의리상 거절할 수 없는 스탠딩 파티다. 이런 경우, 주위에는 대부분 모르는 사람뿐이다. 건배 잔을 든 채, 아무와도 이야기하지 않고 서 있기만 했던 경험을 가진 사람도 많을 것이다.

나는 그런 파티에 초대받으면, '한 파티에서 한 사람의 지인을 늘린다'는 방침을 정해두고 참석한 누군가(물론 처음 만난 사람)와 잡담을 하려고 시도한다.

그렇다면 누구에게 말을 걸어야 할까?

나와 똑같이 지인도 없이 어색하게 혼자 서 있는 사람이다.

"모르는 얼굴뿐이라 어울리기가 힘드네요."

이런 식으로 말을 건네면 그 사람도 말상대가 없어 난감하던 차라, 상당한 확률로 말을 받아준다.

"혼자 왔더니 도통 할 일이 없어 꽤 난감합니다."

"그렇죠. 저도 상사 대신 왔더니 있을 곳이 마땅찮네요."

이렇게 잠시 의미 없는 잡담을 주고받다 보면 어느새 지인이 되어 있다.

이런 스탠딩 파티 같은 곳에서 인맥을 넓히고 싶다면, 먼저 따분해 보이는 사람, 내내 서 있는 사람, 화제를 꺼내지 않고 있는 사람에게 말을 걸어보기를 권한다.

그런 사람은 누군가 말을 걸어오기를 기다리고 있다. 혹은 미묘한 어색함과 불편함을 견디고 있다. 그렇기 때문에 누군가 말을 걸어오면 안심한다. 그 안도감으로 인해 상대와의 사이에 격의 없는 다리가 놓인다.

잡담 상대가 등장함으로써 고독에서 해방되었다고 할 수 있다. 이때 잡담의 내용은 전혀 문제되지 않는다. 화제를 제공했다는 행위, 잡담을 한다는 행위가 중요하다.

이런 분위기에서 자연스럽게 잡담을 끌어갈 수 있는가, 그 자리를 불편해하는 사람에게 다리를 놓아줄 수 있는가.

잡담은 타인을 고독에서 구할 뿐 아니라, 알게 모르게 사람과 사람을 이어주는 멋진 고리가 된다.

능숙한 어리광이
필요하다

1970년대에 《아마에의 구조》라는 책이 출간되었다. 나는 2010년에 이 《아마에의 구조》의 저자인 도이 다케오 선생과의 대담집을 낸 바 있다.

도이 선생의 말에 따르면, 어리광, 응석을 뜻하는 '아마에(あまえ)'란 말은 일본인 특유의 감정이라고 한다. 서구에서는 이 '아마에'에 해당되는 말이 존재하지 않는다고도 했다.

옛날 일본인에게 이 '아마에'란 극복해야만 할 감정이었다.

'아마에'란 말이 존재하지 않는 서구에서는 어릴 적부터 어리광을 부리지 않고 철저히 자립하고 있는 데 반해, 일본인은 어떻게든 어리광을 부린다. 아이는 물론이고 멀쩡한 어른, 사회인까지도 어리광을 부린다. 따라서 어리광은 사회에 나와서는 극복해야만 할 감정이었다. 《아마에의 구조》가 출간되었던 시대만 해도 그런 사고가 지배적이었다.

그러나 지금은 그 반대다.

오늘날에는 '능숙하게 어리광을 부리지 못하는 것'이 문제다.

다만 여기서 말하는 '능숙하게 어리광을 부린다'는 말은 '상대에게 의존하는 정신적인 나약함'과는 성질이 다르다.

그렇다면 '능숙하게 어리광을 부린다'는 말에는 어떤 뜻이 숨어 있을까. 그것은 귀여움을 받는다는 의미다. 즉, 상대가 그 어리광을 허용하는 상태를 만드는 것이다.

예를 들어 이웃집 아줌마가, "떡 좀 맛보라"며 말을 걸어왔다고 하자. 하지만 당신은 단것을 싫어한다. 이런 상황에 처했다면 어떻게 할 것인가?

① "괜찮습니다" 하고 그냥 사양한다.
② "단걸 별로 안 좋아해서요"라고 이유를 말한 후 거절한다.

이래서는 곤란하다. 먹지 않겠다는 대답을 해서는 안 된다. 어리광이 서툰 것이다.

이럴 땐 그냥 "잘 먹겠습니다", "우와! 맛있겠어요"가 정답이다.

처음에 사양하다가 나중에 받아들이는 것도 아직 부족하다.

상대인 이웃집 아줌마에게 "아, 그래요? 그럼 사양 안 하겠습니다" 하고서 얼른 받아 먹는다. 먹은 다음에는 역시 "맛있어요"라고 말한 후, 떡이 남아 있는 것 같으면 한 걸음 더 나아가 "죄송한데 하나 더 맛볼 수 있을까요?"라고 말하는 것이다. 그렇게 되면 "물론이죠", "요즘 젊은이들은 떡을 잘 안 먹더라고요" 같은 식의 대화가 자연스레 전개된다.

능숙한 어리광이란 이 같은 경우를 두고 하는 말이다. 때로는 '능숙한 어리광'도 필요하다.

사람은 사실
누구나 수다쟁이다

예전에 고령자를 대상으로 하는 세미나에서 강의를 했을 때의 일이다.

당연히 수강생들은 70대 할아버지, 할머니들이었는데 모두 아주 열심히 그리고 진지하게 내 강의에 귀를 기울여주었다.

어느 날 한 테마에 관해 서로 자유롭게 토론하는 수업을 했는데, 그날을 경계로 수강생들이 급속히 허물없는 사이가 되기 시작했다. 그전까지는 인사만 나누는 정도였는데, 어느새 수강생

어르신들끼리 친밀한 사이가 되어 있었다. 세미나도 활기를 띠었고, 무엇보다 수강생들의 표정에 활기가 넘쳐났다.

사실 그동안은 이야기를 하고 싶어도 그럴 기회가 없었던 것이다. 어르신들의 이야기를 들어보니 집에서도 거의 그럴 기회가 없었던 모양이다. 강의도 강의지만, 동년배 수강생들과 이야기를 나누는 시간이 그렇게 즐거울 수 없다는 것이다.

강의 평이 좋아서 매번 자유로이 토론하는 방식으로 수업을 진행했다. 그러자 내가 말하는 시간보다 수강생들끼리 이야기하는 시간이 압도적으로 많아졌다.

그 이후로 강의에 빠지는 사람도 거의 없어졌다. 테마나 내용은 어찌 됐든 일단 이야기였다. 그들에겐 그것이 적당한 스트레스 해소법이었던 것이다.

사람에게 있어 이야기를 나눈다는 것은 무엇보다 좋은 건강법이다. 격의 없는 잡담을 통해 스트레스를 해소하고 건강해질 수 있다는 말이다.

잡담으로 한 숨 돌리고
스트레스를 푼다

———

사실 일이 일찍 끝나고 잔업도 없는데 곧바로 집으로 가지 않는(갈 수 없는?) 세상의 아버지들도 마찬가지다.

단골 술집에 들러 한잔 들이켜는 이유의 절반은 이야기가 하고 싶어서다. 술집 주인이나 다른 단골들과 세상 돌아가는 이야기를 하고 난 후 돌아가고 싶기 때문이다. 그 기분은 이해하고도 남는다.

새삼 아내와 마주해도 어떤 이야기를 꺼내야 할지 모르겠다. 아이들은 아버지를 소 닭 보듯 대한다. 집에 돌아가도 이야기할 만한 상대가 없다. 그러니 집에 가기 전, 한 숨 돌릴 겸 어딘가에서 이야기를 풀어놓고 싶다.

머릿속을 일 모드에서 갑작스레 가정 모드로 전환할 게 아니라, 그 중간 영역을 만들고 싶은 욕구도 있다. 일 이야기도 가정 이야기도 아닌, 전혀 의미 없는 세상 돌아가는 이야기를 함으로써 머리를 식히려는 것이다.

사람은 누구나 잡담을 하고 싶어 한다. 잡담을 원한다.

우리는 어느 누구 할 것 없이 이야기에 굶주려 있다.

젊은이의 잡담을
듣고 싶어 한다

회사 상사나 친척 어른 같이 연배가 있는 사람과의 잡담을 어려워하는 젊은이가 늘고 있다. 왜일까?

아마 '성가셔서 말을 섞고 싶지 않다'는 이유로 젊은이 측에서 커뮤니케이션을 거부한 이유도 있을 것이다. 하지만 아무래도 그것만은 아닌 듯싶다.

이전에 회사원을 대상으로 한 텔레비전 프로그램에서, 젊은 회사원이 "저의 이런 취미를 말해봤자 상사는 전혀 흥미를 갖지 않을 걸요"라고 말하는 것을 본 적이 있다.

이렇듯 '이야기는 하고 싶은데 말이 통할지 어떨지 불안해서 못하겠다'고 생각하는 젊은이들도 상당히 많다. 세대가 다르다는 이유로 커뮤니케이션을 어려워하는 것은 중년 이상의 아저씨, 아줌마만의 고민이 아니다. 젊은이들 역시 고민이 많다.

'세대가 다르니까 말이 통하지 않을 것이다.' 이야기를 하기도 전에 그런 편견부터 갖는 탓에 매끄러운 대화를 하기가 점점 더 어려워지는 것이다.

그렇다고 걱정할 필요는 없다.

상사나 거래처의 중년 이상 연배의 사람은 젊은 사람이 상상하고 있는 이상으로 그들의 이야기를 듣고 싶어 한다.

나와 같은 세대나 윗세대 사람들은 젊은 사람들의 생각과 흥밋거리에 무척이나 관심이 많다. 하지만 안타깝게도 지금은 여사원에게 어설프게 말을 걸었다간 바로 성희롱으로 고소당하는 시대다. 상사인 중년 남성들도 젊은 사람들에게 어떻게 말을 걸어야 할지 난감해한다.

나도 지인들에게 "요즘 대학생들은 어때요? 우리 때랑 많이 다르죠?"와 같은 질문을 받는다.

직업상 어느 정도 요즘 대학생들의 모습을 알고 있지만, 접점이 없는 사람일수록 관심 정도가 더 높다.

연장자의 화제에
맞추지 않아도 된다

———

연배가 있는 사람들은 모두 젊은 사람들의 이야기를 듣고 싶어 한다. 이야기 그 자체는 물론이고, 화제가 되는 것을 정보로서 알고 싶어 한다. 젊은이들의 취미나 화제는 나이가 많은 사람들에게 상상 이상으로 가치가 있다. 따라서 나이 많은 사람을 위한다고 무리하게 화제를 맞추려 하지 않아도 된다.

나의 학생들은 모두 서비스 정신이 투철하여 "교수님. 이게 요즘 유행하는 ○○인데 혹시 아세요?", "에이! 모르시나 봐요. 이건 ○○예요. 꼭 기억해두세요" 하고 젊은이들 사이의 화제를 가르쳐준다.

중년 세대는 자신의 아이가 하는 이야기를 무엇보다 즐겨 듣던 세대다. 저녁 식사 시간에 아이로부터 "오늘 학교에서 ○○를 했어요"와 같은 이야기를 듣는 게 더없는 기쁨이던 세대다. 그런 그들이 젊은 사람들의 이야기는 관심이 없다며 단번에 거절할 일은 거의 없다.

그러니 젊은 사람들도 부담 없이 연배가 있는 사람들과 잡담을 나누기 바란다.

그렇다고 억지로 화제를 찾을 필요는 없다.

또래끼리 평소 주고받는 화제라도 상관없다.

의외로 그런 소재가 중년 세대에게는 잡담의 불씨가 되기도 한다. 젊은 사람과의 대화에서 얻은 정보가 그들의 다음 잡담 소재가 될 테니까.

고작 30초 정도라도 괜찮다. 요즘 젊은 세대의 '핫한 이야기들'을 들려준다. '너무 우리 얘기만 했나?' 하는 걱정은 접어둬도 된다.

젊은 세대 쪽에서 그 벽을 낮춰주길 바란다. 벽이 낮아졌음을 알리듯 잡담을 건네면 중년 세대들은 젊은 사람들과의 사이에 가교가 생긴 것을 기뻐할 것이다.

그리고 그들은 주위의 같은 세대 사이에서 "아는 젊은 친구한테 들은 얘긴데, 요즘은 ○○가 유행이라네" 하고 의기양양하게 이야기할 것이다.

중년 세대에게 젊은 사람과의 잡담은 의외로 가치가 있는 법이다.

잡담도
베푼 만큼 돌아온다

다른 사람과 이야기를 나누다 보면, 처음에는 그냥 맞장구만 쳐주던 화제인데 서서히 흥미를 갖게 되는 일이 종종 있다.

가령 이야기 상대가 "요즘 역사소설에 빠져 있어요. 500년 전 사람들의 생활이 피부로 느껴져 참 재미있더라고요"라는 말을 꺼냈다고 하자.

듣는 쪽은 역사소설에 별 관심이 없었는데, 잡담을 하는 중에 역사소설의 매력이나 재미에 흥미가 생겨 '어디 나도 한번 읽어

볼까!' 하는 생각을 갖게 되는 일이다.

이를테면 《논어》를 정말로 좋아하는 학생은 아주 드물다. 언젠가 《논어》를 읽고 자신이 좋다고 생각되는 구절을 구체적으로 인용하여 옆 사람에게 소개하는 수업을 한 적이 있다.

처음에는 "《논어》를 읽은 적이 없어 어디가 좋은지 도통 모르겠다"며 한숨만 쉬던 학생들이, 후반이 되자 《논어》에 관해 남에게 조금씩 이야기할 수 있는 수준까지 올라갔다.

선입견만으로 전혀 흥미가 없다고 생각했는데, 좋은 점을 찾는 중에 저절로 흥미를 갖게 되는, 자신도 모르는 사이에 좋아졌다는 경우는 많다. 좋은 점을 다른 사람에게 직접 말로 전하게 되면서 의외로 《논어》의 재미에 빠지게 되었다는 경우도 적지 않았다.

나도 모르는 새
잡담의 영향을 받는다

———

앞서 말했듯이 칭찬도 마찬가지다. 상대가 전혀 자신의 취향과는 거리가 먼 넥타이를 매고 있더라도, "귀여워요", "멋져요", "재미있는 무늬데요"라고 칭찬하다 보면 그 사람이 괜히 귀엽고, 멋지고, 재미있어 보이기도 한다.

즉, 자신이 잡담에서 한 말이나 들은 말에 자신도 영향을 받는 것이다. 잡담에서도 이야기하고 있는 자신에게로 화제가 되돌아온다.

흔히 '목표를 달성하고 싶으면 도전하고 있는 것을 남에게 알려라'라고 한다. 이 말은 자신의 마음속에만 감추고 있기보다는 제3자에게 공언해버리면 작심삼일로 그치는 일 없이 목표 달성을 위해 노력하게 된다는 말이다.

다이어트를 하고 있다면 만나는 사람마다 다이어트에 관한 잡담을 함으로써 자신의 동기부여를 향상시키거나 유지시키는 방법이다.

"요즘 운동이 부족한 것 같아 조깅을 시작했어요. 이제 3일째지만……"

이렇게 남에게 이야기함으로써 작심삼일로 끝날 법한 자신에게 의욕을 불어넣는 것이다.

또한 잡담을 활용하여 자신의 시야나 감성, 호기심을 증폭시킬 수도 있고, 남에게 이야기하는 것으로 동기부여도 향상된다.

"남에게 인정을 베풀면 반드시 나에게 되돌아온다"는 속담도 있지만, 잡담 역시 베풀면 반드시 자신에게 되돌아온다.

잡담 타임으로
집중력을 높인다

    <u>나는 학생들과의 수업 시간에 반드시 '잡담 타임'을 설정</u>
<u>해놓는다.</u> 원래 학생들은 말을 하고 싶어 한다. 뭐든 말하고 싶
어 하며 대화를 원한다.

    사람은 말하는 동안에는 잘 수 없다. 수업에서도 본론보다 슬
쩍 끼워 넣는 여담이나 잡담을 더 또렷하게 기억하기도 한다.

    어느 누구나 집중력은 그리 오래 지속되지 않는다. 학생들 역
시 평소 수업시간에 머리가 멍해지는 것은 어떤 의미에서는 어

쩔 수 없다고 본다.

　한 시간 반 동안 흐트러짐 없이 줄곧 집중한다는 것은 말처럼 간단하지 않다. 자신의 페이스대로 강의를 하는 사람이야 그것이 가능하지만, 듣고 있는 학생에게는 무리다.

　그래서 나는 90분 수업 중에 내가 45분을 강의했다면 그 다음 15분은 학생들에게 다양한 과제를 주고 말을 시킨다. 그리고 다시 강의로 돌아간다.

　수업 시간 중에 잡담 타임을 만들어놓은 것이다. 단, 과제를 주었기 때문에 잡담이라고 해도 완전한 프리토킹은 아니다. 어떻게든 그 과제의 주변 정보를 도입하여 이야기를 전개시켜가야 한다.

　그래도 학생들은 모두 물 만난 고기처럼 이야기를 이어간다. 강의를 듣고 있을 때보다 훨씬 활기가 느껴진다. 그런 잡담 타임이 끝난 다음에는 모두 집중력이 높아져 강의에도 전념할 수 있다. 잡담으로 기분을 전환함으로써 그들의 뇌가 활성화된 것이다.

　잡담으로 학생들의 뇌를 활성화시킨 다음 강의에 집중시킨다. 이것이 나의 수업 테크닉이다. 잡담 타임을 넣으면 학생들이 졸지 않는 이상, 서로 교류가 깊어져 친구도 늘고 다음 수업 출석율도 아주 높아진다. 좋은 점은 이루 말할 수 없다.

이처럼 본론과 상관없는 잡담에는 기분을 전환해주고 지친 뇌를 쉬게 하여 활성화하는 효과가 있다. 긴장감으로 굳어진 회의 중에도 차 한 잔이나 담배 한 대를 피게 하는 브레이크 타임이 효과적이다. 한 숨 돌린 다음 더욱 활발한 논의를 진행할 수 있기 때문이다.

브레이크 타임은 육체적인 피로를 치유할 뿐 아니라, 가벼운 잡담으로 뇌의 휴식과 활성화를 도모한다는 점에서도 매우 효과적이다.

잡담으로
마음을 디톡스한다

    마음에 걸리는 일이 있으면, 누군가에게 속 시원히 털어놓고 싶어질 때가 있다. 그럴 땐 상대가 자신의 이야기를 들어주는 것만으로도 한결 마음이 편안해진다.

    <u>최근에 힘든 일이나 스트레스를 받는 일이 있는데 상대가 그 이야기를 먼저 꺼내주면 그것이 잡담의 계기가 되기도 한다.</u>

    나도 가끔 동료 교수들에게 "요즘 학생들 어때요? 힘들지 않

나요?"하고 묻곤 한다. 그러면 스트레스를 안고 있는 사람일수록 반응을 즉각적으로 보인다.

"실은 요전에 우리 학생들이 실습 나간 곳에서 툭하면 지각을 하는 바람에, 그쪽에서 이젠 절대로 우리 학생들을 받지 않겠다고 하네요. 머리가 지끈지끈합니다."

"요즘은 교수가 직접 학생한테 일일이 전화를 해서 '자넨 학점이 모자라는데 괜찮나?'라고 확인을 해야 한다니까요. 우리 때와는 달라도 너무 달라서……."

이런 식으로 이야기가 전개되는 일도 있다.

대학뿐만 아니라 학생을 대상으로 하는 사람들의 근심거리는 거의 학생에 관한 일이다. 같은 처지에 놓인 사람에게 이야기를 털어놓음으로써 조금은 속이 후련해짐을 느끼게 된다.

마음에 여유를
만들어주는 잡담

———

지식이나 교양을 말하기보다는 아무래도 부담 없는 이야기로 분위기를 띄우는 것이다. 이것이 잡담이다.

기본적으로 잡담은 긍정적인 화제로 분위기를 띄우는 것이 바람직하지만, 이런 경우는 별개다. 지금 상대가 곤란해하고 있는 것, 심각한 신상의 문제가 아닌 약간 힘들어하고 있는 정도의 문제를 화제로 끌어낸다.

그리고 그 물음에 대한 반응이 돌아왔다면, "알고말고요. 저도 똑같은 일을 겪었잖아요" 하면서 동조한다.

혹은 "세상에, 그런 학생들이 있어요?" 하며 놀라워해주는 일도 중요하다.

힘든 일이나 근심거리를 털어놓았을 때, 그 말을 들은 상대가 공감해주거나 혹은 믿기지 않는다며 놀라워해주면 사람은 자신의 사고방식이나 생각을 조금은 인정받은 듯한 기분이 들게 마련이다.

"그럴 때는……" 하는 식으로 정면에서 충고나 조언을 하지 않아도 된다. 상대에 따라서는 이야기를 한 것만으로도 스트레스가 줄어든다.

이런 경우에는 '이야기를 하는 기술' 이상으로 '이야기를 듣는 기술'의 중요도가 높아진다. 어디까지나 이야기를 들어준다는 입장을 고수하여 맞장구쳐주면 상대의 마음속에 쌓여 있는 스트레스를 가볍게 발산시켜 준다. 이것 역시 잡담의 큰 효용이다.

잡담으로 인간관계의 불필요한 가스를 빼는 것이다.

이 가스 빼기는 매우 중요하다. 마음에 빈 공간을 만들 수 있도록 가스를 빼준다.

최근에 독소를 체외로 배출시키는 건강법인 디톡스가 주목 받고 있는데, 잡담이야말로 마음의 디톡스라고 할 수 있다.

마음을 치유하고 마음의 가스를 뺀다. 이 또한 잡담이 인간관 계라는 커뮤니케이션 안에서 담당하고 있는 중요한 역할이다.

잡담력을 익히면
영어회화 실력도 오른다

영어회화 학원에 다녀도 좀처럼 실력이 늘지 않는 사람, 외국인만 보면 자기도 모르게 슬쩍 눈을 피하는 사람이 많다. 영어, 특히 영어회화에 콤플렉스를 가진 사람은 예나 지금이나 굉장히 많다.

사실 모국어가 아니라면 영어를 읽고 쓴다는 것은 그렇게 간단한 문제가 아니다. 특히 영어 논문을 읽고 영어로 계약서를 작성하려면 상당히 높은 수준의 영어 실력이 필요하다. 외국계 기업에 근무하는 친구가 "수준이 너무 높아 웬만한 사람은 넘보기 힘들다"고 말할 정도다.

영어는 하루아침에 익힐 수 있는 것이 아니다. 하지만 보통 사람들에겐 그렇게까지 높은 수준의 영어가 요구되는 상황은 거의 없다. 대부분은 일상회화나 해외여행에서 사용하는 수준의 영어회화를 하지 못해 콤플렉스를 느끼는 것이다.

나는 사람들이 영어회화를 어려워하는 것은 잡담력이 없기 때문이라고 생각한다.

해외여행지에서 외국인과 영어로 간단하게 대화를 나누고 사소한 교류를 하면 된다. 즉, 영어로 잡담을 한다는 말이다. 평소 모국어로 하는 잡담을 영어로만 하면 되는 것이다. 잡담이니까 격식 있게 이야기할 필요도 없다. 어떻게든 전하려고 하는 말이 설핏이라도 전해지면 그만이다. 결론이 필요 없다는 점도 여느 잡담과 똑같다. 분위기를 띄우고 속뜻을 알기 위해 화기애애한 분위기를 연출할 수 있다면 그것으로 충분하다.

뜻만 전해지면 되니까 문법이나 구문을 신경 쓸 필요도 없다. 문법을 무시한 영어를 구사하더라도 전혀 문제되지 않는다.

그럼에도 우리는 스스로 장벽을 높이 쌓아두고 있다.

애초에 우리는 영어를 전혀 못하는 게 아니다. 어릴 적부터 엄청난 시간과 돈을 쏟아 부으며 영어를 배워왔다. 다만 영어로 말할 기회가 별로 없어 영어회화에 익숙해져 있지 않을 뿐이다.

어렵고 고상한 이야기를 하려는 것도 아니다. 영어로 잡담을 하고 싶을 뿐이다. 단적으로 말하자면, 미국의 초등학교 저학년 정도의 영어회화만 가능해도 된다. 아이들의 이야기에는 마무리도 결론도 없다. 물론 문법은 어려워하지만 적은 어휘로도 필사적으로 이야기한다. 잡담을 할 요량이라면 그 정도 수준으로 충분하다. 그렇게 마음먹는다면 영어회화의 장벽은 훨씬 낮아질 것이다.

영어회화도, 잡담도
공감이 중요하다

———

잡담에서 중요한 것은 공감이다. 한쪽이 뭔가 이야기를 꺼냈을 때, 다른 한쪽이 "맞다 맞아!", "아, 그렇군요!", "그거 저도 알아요" 하고 응답하면 된다. 상대가 하는 말에 공감하고 동조하면 잡담의 분위기는 당연 무르익는다.

이것은 영어에서도 마찬가지다. 누구나 자신의 이야기를 들어주는 사람과 이야기하는 것이 훨씬 재미있고 마음도 편하다.

뭐든 동조하고 끄덕이는 것도 좋지 않지만, 영어회화에서는 이런 스타일이 의외로 도움이 된다.

영어에서도 일단은 끄덕이고 동조한다. 이것이 의외로 통한다. 이름 하여 '미투 잉글리시'다. 뭐든 동조하는 나약한 마음을 이용한 영어회화다.

일단 상대의 이야기에 "me too", "me too" 하고 맞장구를 친다. 무슨 말인지 100퍼센트 이해하지 못했더라도 아무튼 "me too"라고 말한다.

"Do you know ○○?"

"Yes, yes."

"Do you know ▲▲?"

"Yes, yes."

자신이 알지 못하는 것이라도 상대가 좋아한다고 말하면 "me too" 하고 맞장구를 쳐준다. 그러면 신기하게도 "me too"를 말하는 동안에 저절로 대화가 무르익는다.

사실 모국어로 나누는 잡담도 "○○ 알고 있어?", "알아요, 알아요. 그거 좋아요." 정도의 이야기밖에 하지 않는 경우가 많다. 잡담이기 때문에 절대 고상한 대화 등은 하지 않는다.

즉, 그와 비슷한 수준의 잡담을 영어로 하면 될 뿐이다.

스토리가 있는 정리된 이야기를 해야 한다면, 어느 정도 이야기할 내용을 미리 준비해두지 않으면 어렵다. 화제를 화제로 들려주려면 나름의 화술이 필요하다.

그러나 화제를 이야기하는 것과 잠깐 서서 나누는 잡담은 전혀 다르다.

잡담은 이야기하자마자 화제가 바뀌어도 상관없다.

따라서 대화가 이어지지 않을 때나 그 화제에 대해 모를 때는, "by the way(그런데~)"라는 테크닉으로 자신이 아는 화제로 전환시키면 된다.

"me too"와 "by the way", 이 말은 잡담의 화제를 전환하는 포인트를 영어로 표현하고 있을 뿐이다. 즉, 영어 잡담도 모국어 잡담과 전혀 다를 게 없다.

따라서 영어회화를 영어 공부의 일환이라고 생각하지 말고, 잡담력의 하나, 즉 '영어로 이야기하는 잡담력'으로 자리매김해야 한다. 영어 잡담은 영어 공부와는 별도의 장르로 파악해야 한다는 말이다.

영어회화도 잡담력의 일부다. 즉, 잡담력을 익히면 영어회화 실력도 저절로 늘게 되어 있다.

잡담력은 영어회화력을 능가하는 스킬이다.

잡초처럼 강한 잡담이 깊은 관계를 만든다

잡담력, 그것은 잡초가 갖는 생명력과도 같다.

어떤 토지에서도, 그야말로 도심의 콘크리트 틈에서도 돋아나는 민들레처럼 고독으로 마음의 문을 닫은 사람이나 혐오스런 사람에게도 개의치 않고 적극적인 잡담으로 사회와의 끈을 이어준다.

잡담력에 능한 사람이란 그런 '잡초력'이 있는 사람이 아닐까 싶다.

필요한 이야기, 용건과 관련된 이야기만으로는 그 상황이 끝나면 그것으로 모든 게 끝나버린다. 절대 제대로 된 커뮤니케이션은 도모할 수 없다.

그런 콘크리트 같은 분위기 틈에서도 돋아나는 잡초 같은 잡담이야말로, 깊숙한 곳으로부터 인간관계를 이어준다.

이 사람은 이래서 싫고 저 사람은 저래서 싫다, 말하는 게 싫고 창피하고 성가시다. 이런 생각으로는 다른 집단과의 사이에 잡초가 자랄 수 없다. 요즘은 확실히 잡초가 자라기 어려운 세상이 되었다.

하지만 예쁜 꽃 한 줄기만 심어 그것만 소중히 다루다가 꺾이기라도 하면 그것으로 끝이다. 잡초도 자라지 않는 곳에 꽃이 필 리가 없다.

"도와 달라"는 말도 못하고 고독사한 30대 남성의 이야기를 다룬 한 텔레비전 프로그램은 속편이 방영될 만큼 큰 반향을 불러일으켰다.

또한 자기 자식을 학대하며 어린 생명을 위협하는 부모, 왕따를 당해도 혼자서만 괴로워하다가 스스로 죽음을 선택하는 아이들도 뒤를 끊이지 않는다. 그런 가슴 아픈 사건들이 여기저기서 일어나고 있다.

"그때 말을 걸었더라면……."

"조금만 더 귀를 기울였더라면……."

깊은 불황, 정리해고, 빈곤, 스트레스 등 폐색감이 감도는 요즘이지만, 평소에 가까운 이웃이나 친구, 상담센터 등 누군가와 조금씩이라도 잡담을 나누는 환경이었다면 이런 사태에 빠지기 전에 충분히 해결할 수 있었을지도 모른다.

어떤 사람이든 혼자서 살아갈 수는 없다. 누구나 주위 사람들과의 커뮤니케이션 속에서 살아간다. 현대사회는 인간관계가 희박해졌다고들 하지만, 그래도 아직까지 사람은 타인과의 커뮤니케이션 없이 살아갈 수 없다.

그 커뮤니케이션의 가장 토대가 되는 것이 일상의 대수롭지 않은 대화이며 잡담이다.

지금 시대에 잡담력을 익힌다는 것은 강하게 살아남는 힘을 익히는 것, 그 자체나 다름없다.

또한 자신이 강하게 살아남기 위한 힘인 동시에, 그 힘은 주위 사람들을 살리는 힘이기도 하다.

누군가와 이야기를 하는 것만으로 사람은 구원받고, 누군가 이야기를 들어주는 것만으로 사람은 치유된다.

언어를 가진 인간만이 갖는 잡담력은 살아가기 위한 힘이 아닐까 생각한다.

과장이 아니라, 잡담력은 생명력이기도 하다.

그리고 좀 더 심오하게 말하자면, 잡담은 인생의 모든 것이다.

태어나서 잡담을 익히고 성장하고, 잡담을 하면서 살아가고,

그리고 마지막도 잡담을 남기고 떠나간다. 그것이 인간이다.
잡담이란 '살아가는 힘' 그 자체다. 나는 그렇게 생각한다.

사이토 다카시

30초 만에 어색함이 사라지는
잡담이 능력이다

초판 1쇄 발행 2014년 1월 16일 **초판 52쇄 발행** 2023년 6월 1일

지은이 사이토 다카시
옮긴이 장은주
펴낸이 이승현

출판2 본부장 박태근
W&G 팀장 류혜정
디자인 이세호

펴낸곳 ㈜위즈덤하우스 **출판등록** 2000년 5월 23일 제13-1071호
주소 서울특별시 마포구 양화로 19 합정오피스빌딩 17층
전화 02) 2179-5600 **홈페이지** www.wisdomhouse.co.kr

ISBN 978-89-6086-645-4 13320